亲子关系
比学校更**重要**

葛 英 编著

谁掌握了正确的**家教方法**
谁就给了孩子**幸福的人生**

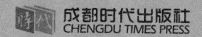
成都时代出版社
CHENGDU TIMES PRESS

图书在版编目（CIP）数据

亲子关系比学校更重要 / 葛英编著 . −− 成都：成
都时代出版社，2014.3
　　ISBN 978−7−5464−1124−8

　　Ⅰ . ①亲… Ⅱ . ①葛… Ⅲ . ①亲子关系－家庭教育
Ⅳ . ① G78

中国版本图书馆 CIP 数据核字 (2014) 第 039581 号

亲子关系比学校更重要
QINZI GUANXI BI XUEXIAO GENG ZHONGYAO

葛　英　编著

出 品 人　段后雷
责任编辑　陈德玉
责任校对　李　航
装帧设计　欧阳永华
责任印制　干燕飞

出版发行　成都时代出版社
电　　话　(028) 86621237〔编辑部〕
　　　　　(028) 86615250〔发行部〕
网　　址　www.chengdusd.com
印　　刷　北京龙跃印务有限公司
规　　格　710mm×1000mm　1/16
印　　张　14
字　　数　230 千
版　　次　2014 年 3 月第 1 版
印　　次　2014 年 3 月第 1 次印刷
书　　号　ISBN 978−7−5464−1124−8
定　　价　28.00 元

前　言

在竞争激烈的现代社会，孩子的教育是每个家长都高度重视的话题，不让孩子输在教育上成为共识。每个家长都希望自己的孩子成龙成凤，这无可厚非，但如何教育孩子，却是一个让人头疼的问题。

现实生活中教育失败的案例提醒我们，教育不能只是给孩子最好的学习条件，更重要的是给孩子一个健康的成长和认知环境。不然孩子成绩再好，却不懂做人甚至成为危害社会的分子，仍然是教育的失败。那么，什么样的教育才是好的教育方式呢？

现在的孩子都是父母的宝贝，但父母难做，现代的父母更是难做，越来越多的父母感到，教育孩子都要给累死了、气死了、烦死了、愁死了。差不多所有的父母都是在跌跌撞撞中摸索、学习如何教育孩子的。现在独生子女教育与我们上一辈多子女的情况，已经有所不同了。溺爱式、粗暴式对立的两种教育方式，成为我们时常遇到的。

回想我们当年的家教，充斥着强制灌输，甚至是呵斥打骂。我们的童年，对父母的这种教育方式十分反感。现在，等到我们为人父母后，虽然对那种让人生厌的教育方式反感，但是，在对自己孩子的实际教育过程中，却往往又不自觉地使用出来。这该怎么处理好呢？

随着社会的发展，人类教育理念逐渐进步，越来越多的专家学者开始提倡新的亲子教育理念，认识到父母与子女的沟通与信任在教育中的重要性。这种理念认为，良好的亲子关系是最好的教育方式。在教育实践中，这种教育理念被证实是行之有效的。

怎么才能和孩子建立起和谐的亲子关系呢？我作为两个孩子的家长，从教育孩子的过程中，以及教育、咨询的效果中，认为家长要做的不是说教，不是怀疑，也不是监视，更不是与孩子的对立，而是要学会做到良好的情绪管理，把孩子当朋友、平等对待孩子，尊重孩子的意愿、倾听孩子的心声，与孩子相互信任、赏识孩子……而不能把自己的思想强行灌输给对方。

请家长朋友仔细阅读这本书，从中找出自己能够对号入座之处，有则改之，无则加勉，共同为孩子的教育和健康成长而努力吧！

最后，借用纪伯伦的《论孩子》中的诗句来与家长共勉，希望能引起大家的思考，以便应用到对孩子的教育中：

你们的孩子，都不是你们的孩子，
乃是生命为自己所渴望的儿女。
他们是借你们而来，却不是从你们而来。
他们虽和你们同在，却不属于你们。

你们可以给他们爱，却不可给他们以思想，
因为他们有自己的思想。
你们可以荫庇他们的身体，却不能荫庇他们的灵魂。
因为他们的灵魂，是住在明日的宅中，
那是你们在梦中也不能想见的。

目 录 CONTENTS

第一章
掌握创造和谐亲子关系的重要原则

一、时刻尊重孩子

二、平等地与孩子相处

三、和孩子建起彼此信任的关系

四、给孩子在各方面做出好的榜样

五、对孩子永远抱着正心态

一、时刻尊重孩子

良好的亲子关系，是教育成功的前提。而父母若想获得这种和谐的亲子关系，首先需要时刻尊重孩子。

可是，在实际生活中，随处可见父母不尊重孩子的言语、行为。

记得有一天下午，我批改完作业后，想到学生王军的学习成绩比较差，准备到他家去单独辅导一下。

刚走到他家门口，就听到了呵斥的声音："你长的是猪脑子吗？如此简单的题目都不会做，还有脸拿过来让我检查呢！去，再找个本子重新做。""你还站着干什么，没听见我说话吗？"

我听出是王军的父亲在训他，担心矛盾进一步激化，急忙一边敲门一边问："王军在家吗？"

"李老师，是您啊，快进屋。"王军的父亲开了门，见是我，急忙热情地往里让。

小王军的脸则腾地一下子红到了耳根，低着头小声说了句："李老师好！"

我点了点头。往屋里走的时候脚下一滑，我低头看到被撕成两半的作业本，弯腰拾起，托在手中看着王军的父亲。

"李老师，让你见笑了，孩子学习差，这么简单的题目都做错了，我准备让他找个本子重新做。"

我注意到，当他说这话的时候，王军抬起头，怒视着父亲。

"看什么看，我脸上又没有答案，快点找个本子重新做，还愣在这里干什么？"

王军一动不动，依然用眼睛瞪着父亲，神情中充满了倔强。而王军的父亲，脸色也变得愈加难看，看样子要揍孩子。

见此情景，我急忙拉着王军的手问："告诉老师，发生了什么事？"

"呜……呜……"王军听我如此说，哇地一下子哭出了声，我轻拍着他的肩膀安慰。

平息了一下情绪，王军抽噎着对我说："老师，我刚才做完了作业，想让爸爸给我检查一下，没有想到，他看了后就把我的本子撕了，还说我是猪脑子。"说到这里，他又忍不住小声啜泣起来。

"你还有脸说呢，题目这么简单，都做错了！"

"我就是猪脑子！就是笨！就把题目做错了！就不愿意重做！你能怎么着？"王军赌气地说完，扭身走进了自己的小屋，"砰"的一声关上了门。

"这孩子，越来越不懂事了，一点都不听话。"王军的父亲看着紧闭的房门，有点尴尬地说。

"不是孩子不听话，原因出在了你身上。"我直截了当地对他说，"孩子做错了题，你可以给指出来，并引导他正确地去做。可是，你不仅没这样做，还把孩子的本子撕了！这样做伤了孩子的自尊，他又怎么会听从你的教育呢？"

听我如此讲，王军的父亲沉默了一会儿，点头说："李老师，你说得对，我应该尊重孩子，以后一定改正。"

看着他真诚的态度，我看时间不早了，也就转身回家了。不过，心里却一直还惦记着这件事，希望王军的父亲能说到做到，真正做到尊重孩子。

感悟点滴

孩子学习不用心，或者因为没听懂老师所讲的课而把题目做错，对孩子满怀期望的父母看了会着急、生气。但是，生气归生气，父母却不能因此不尊重孩子，更不能当着外人的面进行辱骂，父母若如此做，不仅解决不了任何问题，反而会破坏亲子关系，使教育无法顺利进行。

碰到类似的事情，父母要注意控制自己的情绪，首先做到尊重孩子，然后再用正确的方式去帮助孩子解决问题，这样提高孩子学习成绩的同时，亲情关系也不会遭到破坏。

在我女儿小雪八岁、儿子小宇四岁时，我家发生的一件事情，使我有了深刻的体会：

那时到了周末，我和爱人都要与两个孩子在一起，要么到公园玩，要么出去旅游，一家人共享天伦之乐。这样我们快乐，孩子也开心。那时候，若是问小雪和小宇最渴望什么，他们肯定异口同声地回答："周末。"

有一次周末，我和爱人临时有事都需要外出，便商量着把两个孩子送到姥姥家，让老人帮着照看一下。

早饭过后，我便带着他们到了父母那儿，叮嘱两个孩子要听话，转身准备离开。

没有想到，两个孩子跟上来拽着我的衣服不让走。

"妈妈，周末你和爸爸应该陪我们。"小雪说。

"姐姐说得对，妈妈，你要留下来陪我们玩。"小宇也不甘示弱地说。

"这个周末啊，爸爸和妈妈都有事，你们先在姥姥家玩，我们尽快赶回来陪你们，好不好？"我把两个孩子揽在怀里，轻声细语地说。两个孩子对视了一眼，同时点头，我正暗自高兴，却听小雪说："妈妈，这次就算了，以后每到周末，你和爸爸若有什么事情，要提前和我们俩商量。不然，说什么以后我们也不会再放你们走。"小雪说完，看着弟弟，小宇配合着使劲点头。

我听了，急忙点头答应，两个孩子这才放手。

这件事情，给我留下了十分深刻的印象。当天晚上，我把此事讲给爱人听，他惊讶地说："没有想到，这么小的孩子，自尊意识就这么强啦！以后，若是再遇到这样的事，咱们真的要提前跟两个孩子商量一下了。"

我点头同意爱人的观点，并且说到做到。而两个孩子，也因为我们的尊重，显得懂事多了。

感悟点滴

> 父母在生活中，不要因为孩子小，就不问他们的意见，不听取他们的心声。孩子再小，也有自尊，希望得到他人的尊重。

> 父母不管孩子多大，应该提前了解他们的心愿，并尽可能地采纳，做到尊重孩子，这样不但能减少许多不必要的麻烦，亲子关系还会变得更加亲密。

我曾经历过这样一件事：那天我从学校回到家，感觉有些累了，便坐在沙发上休息。正在此时，读初中的女儿进屋了："妈妈，你累啦？我给你按摩按摩。"小雪说着，双手并在一起，在我背后轻轻地敲打着。

顿时，从我心里涌出一股暖流。与此同时，我又感觉有些不大对劲，平时小雪学习时间紧，主动给我按摩的机会很少。这次，刚放学进屋就突然来这一手，必定有什么事。

想到这里，我故意不问，闭着眼享受着女儿按摩，嘴里还一个劲地夸她孝顺。小雪见我没有问她的意思，在我背后敲打了一会儿，停下叫了声："妈妈。"

"女儿，怎么啦？是不是累了？歇息一会儿吧。"我转脸看了一眼小雪，有意打岔。

"不累，妈妈，来，我还给你捶。"女儿红着脸把我的身子扳过去，又开始给我按摩，没有弄几下，又停下叫了声"妈妈"。

我实在忍不住，"扑哧"一下笑出声，转过身问："小雪，快说吧，妈妈早就知道你有事。是什么事？这么难张嘴。"

"好妈妈，你真了解女儿啊！只是，我说出来，怕你不答应！"小雪搂着我的脖子，撒娇说。

"快讲吧，妈妈知道了什么事，才能决定是否答应啊。"我鼓励女儿。

"妈妈，我有个同学街舞跳得很好，我也想跟着她一起报班学习。"小雪鼓足勇气，终于说出了自己的想法。

说实话，我不愿意女儿在初中阶段学跳舞，因为这势必会占用一些时间。但是，我知道应该尊重女儿的意愿，否则，很可能就会得不偿失。

想到这里，我爽快地对女儿说："妈妈答应你，但你得保证，不能影响学习成绩。"

小雪听了，伸嘴在我额头上留下一个长长的吻，信誓旦旦地说："我的好妈妈，你就放心吧，女儿向你保证，今后的成绩绝对只升不降。"

事实上，确实如此，女儿的成绩，一点也没有因为学习街舞受到影响。

感悟点滴

孩子有什么样的兴趣、爱好，父母首先在态度上要支持，如果觉得孩子这样做会耽误学习，也应该心平气和地对孩子陈述其弊端，提出自己的担忧之处，孩子明白了其中的利害关系，自然就会趋利避害。

如此尊重孩子，自然会取得良好的结果。所以，父母不管在任何时候，都应该做到尊重孩子。孩子的自尊心得到了满足，才会愿意与父母亲近，进而配合教育，积极地朝着父母期望的方向发展。

二、平等地与孩子相处

一个周六的早晨，吃过饭收拾完毕，我问两个孩子："小雪、小宇，你们谁想和妈妈一起去公园玩啊？"

小宇高举着双手大声喊："儿子一百个愿意。"

小雪则上前拉着我的手："妈妈，你去哪儿，也少不了女儿啊！"

"好，咱们今天一起去玉渊潭公园，现在就出发。"

我们娘仁刚走出门，就听到爱人在身后酸溜溜地说："这两个孩子，真是和你们妈妈亲啊，上次爸爸想带你们玩，没有一个乐意跟着去。"

小雪、小宇装作没听见，一人拽着我一只胳膊，我看两个孩子着急，就回头看了爱人一眼，得意地一笑，在两个孩子的拖拽下，跟着他们的脚步往外走。

刚离开家门，小雪就笑着对我说："妈妈，你知道吗？我最喜欢与你在一起了。"

"不光是姐姐，我也是。"小宇也紧跟着说。

"为什么喜欢与妈妈在一起呢？"我笑着问。

"妈妈跟我们说话啊，从来不采用命令的口气。"小宇这回先开了口。

"还有，妈妈做什么事情，都与我们商量，我们不愿意做什么，也不会太强求。"小雪随后说。

听两个孩子这样说，想到刚才爱人说的话，我问他们："你们俩刚才听到爸爸说的话没有？"

小雪和小宇对视了一眼，不约而同地保持了沉默。很显然，他们不仅听到了，而且听得十分清楚，只是不好意思开口讲这个事情。

想到这里，我直接问："为什么不愿意和爸爸在一起啊？"

小雪叹了口气说："爸爸不像妈妈你，他想要做什么事情，大多数都是直接命令我们，很少事先征求一下我们的意见，给人一种居高临下的感觉，不舒服！"女儿的话音刚落，小宇紧接着点头，十分赞同姐姐这种说法。

这两个孩子的言语行为，让我联想到很久以前发生的一件事。

那是小雪八岁的时候，因为学校缺少一位老师，我多带了两个班的课，一天工作下来，肩膀和背部都感觉僵硬，有时候还十分疼痛，敲打几下感觉才会舒服一些，所以自己在休息的时候，经常用手捶打几下。

一天，我下班到家，半靠在沙发，举着手使劲地敲打肩膀。

正在此时，爱人从学校接回了两个孩子。

"小雪，妈妈肩膀有些疼，你过来帮着捶捶好吗？"

"好。"随着话音落下，小雪已经跑到了我面前，用小手握拳使劲地给我捶了起来。

小宇看见了，也小跑到我身边，踮起脚尖说："妈妈，我也来帮你捶。"

"乖孩子，累吗？"

"给妈妈捶背，不累。"小雪笑着回答，说着话，小手也一直都没停下。

"不累、不累。"刚四岁的儿子也摇头晃脑地回答。

"小雪、小宇，你俩过来，也给爸爸捶捶。"爱人看见了，有些嫉妒，坐在另外一张沙发上叫两个孩子。小雪没动弹，小宇停下想过去，见姐姐没有要给爸爸捶的意思，又接着给我捶。

"小雪，你偏心了吧，给妈妈捶背，为什么不给爸爸捶啊？"

"爸爸，我没有偏心。你总是用命令的口气让我做这干那，我不喜欢，才不愿意动弹。"

现在想起这件事，再看看两个孩子都与我比较亲近，由此可想而知，孩子心中最渴望的东西。

我想，不仅是我的女儿和儿子，天下所有的孩子，应该都有类似心理：希望父母不用长辈的姿态来压自己。

事实上，也确实是这样。父母只有平等的对待孩子，彼此的关系才会变得和谐，在此基础上，孩子才更愿意听从父母的指挥。

感悟点滴

> 孩子再小，也是独立的个体，有自己的思维，渴望父母与他平等相处。如果父母处处以"高姿态"来压孩子，他就会有抵触的情绪，从而导致亲子关系疏远，这不但显得父母教子无方，而孩子也好像缺少教养。
>
> 一旦父母用商量的口吻对孩子说话，孩子感觉受到尊重，心里就会满足、高兴，此时父母让孩子做什么事情，就会乐意效劳。

父母不要以为自己身为父母，就想当然地认为命令孩子做什么是天经地义的事，如此做的结果，只会令孩子产生逆反心理，出现抵触的情绪，有可能还会因此与父母对着干。

生活中，这样的事例随处可见。

我有一个同学名叫杨明，爱好抽烟，每天至少要抽两盒。杨明有个儿子，叫小洋，今年刚十岁，在父亲的长期影响下，也学会了吸烟，并且经常偷拿爸爸的烟抽。

有一次，杨明发现儿子抽烟，十分生气，伸手夺掉他嘴里叼着的烟，使劲扔在地上，又上前踩了两脚说："下次若再让我看见你抽烟，看我怎么收拾你！"

杨明本以为自己这样做，儿子会怕自己，今后不再抽了。可结果却事与愿违，小洋生气地盯着父亲的眼睛问："为什么把我的烟扔了？你能抽，为什么我就不能？"

杨明听了，更加恼怒，暴跳如雷地冲着儿子大声说："为什么？就因为我是你老子，我说不让你抽你就不能抽！乳臭还没干，你倒管起老子来了！"

小洋听了父亲的话，满脸不屑地离开了。

此后，小洋不仅继续抽烟，而且还当着父亲的面抽。杨明没有办法，只好求助于我，把与儿子之间发生的事情给我详细地讲了一遍，末了无奈地摇着头说："现在的孩子，真让人头疼，一点都不听父母的话，根本不把父母当父母了。"

我听后，笑着对他说："呵呵，正是因为你拿父母的姿态压孩子，动不动使用命令的口气，孩子才反感，不愿意听从你的教育。今天回去后，抽空试着心平气和地给儿子说明抽烟的危害，并且自己先把烟戒除，给孩子做个表率，看看结果会怎么样？"

杨明听了，有些为难地说："为了这个不肖子，我难道必须要把抽烟戒除吗？"

"你不让儿子抽烟，不就因为抽烟对身体有危害吗？趁此教育孩子的机会，把烟戒掉，正好两全其美。"我怂恿杨明，他叹了口气，说回去试试。

过了大概两个月的时间，杨明特地打电话给我，高兴地说："老同学，还是你有办法。我按照你所说去做了，不但自己的烟瘾戒除了，儿子也不沾香烟了。"

感悟点滴

孩子做得不对，作为父母，有教育的权利，也可以对孩子进行批评，但绝不能因为自己是父母，就拿父母的姿态去压孩子。

孩子不管大小，都渴望能与父母平等相处。父母只有做到这一点，孩子才愿意听从父母的引导，教育的目的也才能水到渠成。

三、和孩子建起彼此信任的关系

王梅，和我是同事，她知道我在教育孩子方面比较有经验，经常请教我，一来二去，两人的关系就近了许多，没事时，彼此经常到对方家串门。

一个周日的下午，我见咨询室没人，关上门去王梅家。

刚走到门口，就见王梅和五岁的女儿在争执："妈妈，我知道商店在哪儿，你就让我一个人去买东西吧。"

"不行，你从来没有单独出去过，妈妈哪放心啊，走，还是我和你一起去吧。"王梅拉着女儿的手，刚要下楼，抬头见到我，笑着说："李老师，你过来啦，走，咱们进屋。"

"妈妈！"小艳不高兴地喊。

"你们不是要出去买东西吗？先去吧。"我看孩子着急了，忙说。

"没事，小艳想吃果冻了，晚些时候再去买。"王梅说着话，转身开了门。

"阿姨，你和妈妈在家里，我自己去就行。"聪明的小艳早就想自己去买，趁机说。

"你自己，能行吗？"王梅有些犹豫。

"我认识钱，也认得路，能自己去。"小艳挺起胸脯说。

"如果商店不远，就让孩子去吧，不试试怎么知道她不能自己买呢？"我劝王梅。

"阿姨说得对，妈妈，我都和你一起去买很多次了，不会有问题的！你就让我去吧！"小艳感激地看了我一眼，又转向妈妈央求。

王梅这才勉强答应："好，这十元钱给你，路上靠边走，有陌生人和你说话，不要搭理，买完果冻就回来，不要让妈妈担心。"

"知道啦！"小艳接过钱，蹦蹦跳跳地走了出去。

王梅盯着女儿远去的背影，眼神里满是担忧。我见王梅这样，拉了拉她的胳膊说："好啦，你若不放心，咱们悄悄地跟在孩子后面，别让她发现。"

听我这样说，王梅这才转忧为喜。我们俩便偷偷地尾随着小艳，发现她沿着路边一直走，虽然因为好奇，边走边看，但没有停留，径直去了小区的商店。

看到这里，王梅心里才踏实了。为了不让小艳看见，她拉着我转身回了家。

过了一小会儿，小艳高高兴兴地走进了屋，举着手里的果冻和零钱，自豪地说："妈妈、阿姨，你们快看，我自己会买东西啦！"

"小艳真棒！以后家里缺什么小东西，就由你负责去小区商店买，好不好？"王梅笑着说。

"好啊！好啊！"小艳握着果冻拍手，十分乐意。接着走到我面前，拿了果冻说："阿姨，给你吃，谢谢！"

王梅看着女儿还不忘记感谢我为她说好话，抿着嘴笑了，并附在我耳边小声说："李老师，多亏这次听你劝了，否则，我真不信女儿能自己买东西呢。"

感悟点滴

> 有些父母，总以为孩子小，不相信他（她）能够把事情做好，如果这样不信任孩子，什么事情都亲力亲为，孩子不但不开心，长大后还会依赖上父母，而且对自己也会失去信心。
>
> 因此，父母要相信孩子，并尝试着让他（她）去做力所能及的事情，孩子只有去做了，才能学会做。永远不敢放手让孩子做，孩子最终什么也不会做。
>
> 父母不仅要在孩子小时候，相信他（她）有能力做事，而且在孩子表现不好，甚至被人评价为无药可救的时候，也要深信孩子能变好，并积极地想办法促使他（她）朝着这个目标奋进，孩子就能朝自己希望的方向发展。

我曾在一个教育刊物上，看到这样一个案例：

有一个小男孩，在十岁读小学四年级的时候，因为比较贪玩，又爱打闹，成绩下降到班里倒数第三名。

班主任和代课老师经常批评小男孩，甚至直接说他不是读书的料。小男孩也觉得自己笨，对读书失去了信心。有一次，他对父亲说："爸爸，我不想上学了。即便好好学习，成绩也提高不上去，你还是不要逼我去上学了吧。"

男孩的父亲从这些话中，看出儿子对自己失去信心，他不动声色地说："孩子，你不想读书了，也得要继续上学，最少也得读完初中，这是国家明文规定的我的义务、你的权利。"

听父亲这样说，小男孩自知退学无望，打算混到初三毕业算了。

男孩的父亲却从此留心了，他深信儿子不笨，为了增加他的自信，平时不仅经常夸孩子聪明，而且特地请了一位算命先生，预先给了他一百元钱说："我下午四点多，要去学校接孩子，你这时候出现，我让你给我儿子算命，你就说他成绩会很快提高，日后一定能考上大学，将来会拥有一个幸福的人生。"

算命先生收了钱，就按照这位父亲的吩咐，装模作样地仔细观看了男孩的五官，又拿起小男孩的双手认真看了好大一会，末了拍着手说："这孩子，生来聪慧，学什么一点就通，只是平时比较贪玩、偷懒，所以成绩才表现得一塌糊涂。不过，从这孩子面相和手相上看，他一定能考上大学，前途一片光明。你若不相信，一个月后就能见分晓，他成绩会很快提高。"

男孩的父亲听了，立即附和着说："这位先生，你算得真准，我也相信儿子将来一定能考上大学。来，多给你一些赏钱。"他说着，递给了那位算命先生一百元钱。

小男孩听到这些话，眼中闪现异样的神情。

从那天起，小男孩开始有意收敛自己贪玩的心，他的父母，也积极地为儿子补课。不长时间，小男孩成绩就有了大幅度的提高，后来，还真被一所大学录取，而且还是名牌大学。

感悟点滴

> 孩子学习不努力，表现差，这些都不是大问题。怕的就是父母的不信任、数落与斥责，使孩子丢掉信心，导致他自暴自弃，这才是决定孩子命运的关键所在。
>
> 因此，平时不管孩子表现得怎么差劲，父母都要深信孩子能变好，并经常暗示孩子能行，多给孩子一些展示其特长的机会，以此增强孩子的自信。在这种良好的亲子关系中，孩子自然就会逐渐朝好的方向转变。

父母要信任孩子，同时也需要使孩子信任，才能建立起良好的亲子关系。

我有一个叫孙良的好朋友，他有一个儿子，刚上初二，就迷恋上打游戏，经常逃课，成绩也因此直线下降。

孙良知道儿子一直想去安徽黄山玩，为了促使他改变，就对儿子允诺说："小明，你从此要是不打游戏了，今年放暑假的时候，爸爸就带你去黄山玩。"

"爸爸，你说的是真话吗？"小明有一个同学，曾去了黄山，说那里风景很好，也十分想去，因此听父亲这样说，兴奋地问。

孙良拍了两下胸口说："大丈夫一言既出，驷马难追。爸爸答应你的事，肯定会说到做到。"小明见父亲信誓旦旦，下决心不再打游戏。

小明这孩子，太渴望去黄山了，他强忍着不去网吧，结果说到做到，真的再也没有去网吧打游戏了。

看儿子有了这么大的转变，孙良心里十分高兴。不过，他当时允诺要带孩子去黄山，目的就是为了让儿子不再上网，根本就没有打算带孩子去旅游。

而小明，从父亲承诺自己那天起，就天天盼望着暑假能早一天到来，好到黄山去玩个痛快。

好不容易到了暑假，放假的第二天，小明就找爸爸，让他兑现承诺，带自己去黄山。孙良就说自己忙，过几天再带儿子去。小明过几天又问，孙良又找别的借口推辞。

眼看着暑假就要过去了，小明满心的希望化作了泡影。他恨爸爸说话不算话，为了报复他，小明又开始上网吧，而且去得更频繁。

孙良看到儿子这样，又对他承诺说："儿子，爸爸在明年暑假一定会带你去黄山，别再玩游戏了。"

可是小明再也不信任父亲了。他在网吧待的时间越来越长，甚至有时候夜不归宿。

为此，孙良痛悔万分！

感悟点滴

在教育孩子的时候，有很多父母，为了改掉孩子身上的不良习惯，给孩子各种承诺。

结果，孩子努力达到了父母的要求，要求兑现承诺时却遭到拒绝，这样就会让孩子特别失望。屡次三番，孩子逐渐不再信任父母。

孩子一旦对父母失去了信任，亲子关系恶化不说，教育也将无从谈起。

所以，父母平时不仅要信任孩子，而且所言所行，也要让孩子信任。只有和孩子之间建立起彼此信任的关系，教育才能收到良好的效果。

四、给孩子在各方面做出好的榜样

一天，同事王梅到我家来玩，女儿小雪开门后，叫了声阿姨好，接着急忙把她让进屋里，随后又沏茶倒水。王梅看着小雪这样心里高兴，从腕子上摘下一个手链，一定要送给女儿。小雪见推辞不下，只好收下，同时没有忘记连声称谢！

"李老师，像你女儿这样礼仪周到的孩子，真是太少了，你是怎么做到的？"

王梅的一句话，把我带回到从前。

记得那是小雪三岁左右的时候。有一次，我做完饭，从厨房把菜往外面端，因为两手都占用了，无法掀门帘，就喊在外面玩的小雪来帮忙。

小雪把门帘掀开之后，我习惯性地向她说了声"谢谢"。

女儿听后，虽然还不太明白此话的意思，但看得出来，她十分开心，满面笑容地跟在我后面走。

等我放下盘子，小雪凑上前问："妈妈，什么是谢谢？"

趁此机会，我有意识地引导女儿学讲文明用语，就对她说："小雪，你刚才帮助妈妈把帘子掀开，我说谢谢你，是表达感激之情。你应该说'不客气'。"

小雪倒聪明，立即就接过话说："妈妈，不客气！"说着话，有可能是因为过于激动，小脸竟然涨得通红。

"以后啊，只要别人帮助了你，也不要忘记说谢谢啊！"

"妈妈，我知道啦。"小雪答应着。

此后，小雪只要见我走到门边，就会主动跑到前面给我打开帘子，然后等着我说"谢谢"，她好说"不客气"。

有一回，爱人下班回到家，小雪急忙跑到门边，为他拿拖鞋。

爱人当时只是觉得女儿变得懂事了，可并没有说什么，就径直走进了屋。

这下，小雪可不满意了。她撅着小嘴走到爸爸面前说："爸爸，你该'谢谢'我啊！"

爱人早已经忘记了刚才的事情，他有些迷惘地看着女儿，不知所措。

小雪就学着我的口气，解释说："我帮你拿拖鞋，你应该说'谢谢'，我再说'不客气'。"

直到这时，爱人才明白小雪的意思。

他笑着配合说："好，好，我说，'谢谢小雪'！"

"不客气！"小雪清脆地答了一声。

从此后，我们一家人在日常生活中，都开始有意识地讲起了文明用语。在这样的环境熏陶下，女儿小雪很快就成了一个讲文明懂礼貌的孩子。

感悟点滴

孩子与父母接触的最早，在一起的时间最多，再加上孩子天生模仿能力强。父母的言行举止，会在不自觉中被孩子学去。因此，父母想让孩子成为什么样子，首先就应该给孩子在这方面做一个好的榜样，对孩子以身示教，孩子很容易就会成为父母想要的模样。

否则，父母只是口头要求孩子如何做，自己却往相反的方向做，这样很难收到教育效果。

一天下午，我的咨询室来了一对母子。母亲大概三十来岁，她进来后向我咨询说："李老师，最近一段时间，我发现儿子做事有失诚信，应该怎么办？"

在一旁站着的男孩听了，直视着妈妈，大声说："你没有资格这样说我，上个月，你答应要给我买一双李宁牌的运动鞋，为什么到现在还没有给我买？别说我不诚信，即便我真是说话不算数，也是向你学习的结果。"

年轻妈妈听到这番话，尴尬地脸通红，她瞪了儿子一眼，自觉理亏，低下了头。

而男孩，则转身面向外，高昂着头，愤愤不平地看着远方，一副不服妈妈管教的模样。

"刚才孩子的话，你都听到了吗？有没有这回事？"我问年轻的妈妈。

"有是有，只是上个月，因为太忙，我把答应孩子的事忘记了，没有想到他竟然误认为我说话不算数，而且学着我这样去做！"

"呵呵，以前是忘记了，现在儿子提醒了，就兑现允诺啊。"我说。

"一会儿从这回去，我就带孩子去买。"年轻的妈妈点头答应。

我注意到，小男孩听到此话，把头转了过来，抵触的情绪明显低了很多。

"孩子，刚才妈妈的话，你也听到了，她是无心犯下的错误，可是你，却有意跟着妈妈学习这种不良行为，自己觉得做得对吗？"我直接问。

"李老师，只要妈妈按照她所说去做了，我保证一定会改正，今后做到诚实守信。"

"孩子，妈妈认识到自己的错误了，一会儿咱们就去商场，给你买李宁牌的运动鞋。"年轻的妈妈急忙答应，小男孩脸上浮现出笑容。

给这对母子调解，达到这样的结果，我很满意。但是，类似的事情，奉劝父母还真要留意，尽量避免不要发生。

感悟点滴

> 父母允诺孩子，事先要想清楚，能够办到的才答应。允诺之后，就时刻记着，不管有什么阻碍，都要想办法兑现，只有做到一诺千金，孩子才会信任父母，才能以父母为榜样，以后做到说话算数。
>
> 否则，父母答应了孩子什么事，到时候却百般找借口推托，这么做不但会伤害孩子，而且还会使他习得不良的行为。

事实上，父母要做出好的榜样，不仅要说到做到，还应该时刻留心自己的言行，不要在无意中，影响到孩子。

记得儿子小宇五岁时，有一天晚上，爱人的一个朋友打来电话，邀他出去喝酒。当时，爱人正在洗澡，我接的电话，因为不想让他出去喝酒，就撒谎说爱人刚刚出门，不知道去了哪儿，还把手机落在了家里。

我接电话的时候，小宇就在客厅里玩，他听后，跑到我面前问："妈妈，爸爸在洗澡，你为什么说他不在家啊？"

儿子这一问，弄得我有些不知如何是好，想解释，怕讲得太复杂，他听不懂，但不解释吧，又怕儿子今后也学会了撒谎。我眼珠一转，装作不知的问："儿子，你爸爸真的在洗澡吗？妈妈不知道，还以为他出去了呢。"

"真的在洗澡，妈妈你去看看。"小宇毕竟是小孩子，哪里知道我的心思，他以为我真不知道，拉着我，往卫生间走。

"爸爸，你在里面吗？"还没到那儿，小宇就朝里面喊。

"在，爸爸马上就洗好。"爱人回答。

小宇听后，得意地朝我看了一眼说："妈妈，我说爸爸在的吧。"

我被儿子弄得哭笑不得，为了避免他学着撒谎，我忙说："是真在家呢，我这就给你那个叔叔打电话，告诉他一声。"

说完之后，我真的又给爱人的朋友回了个电话，告诉他刚才自己不知道爱人在家，一会儿就去与他一起吃晚饭。

随后，我对小宇说："你去书房叫上姐姐，咱们一家都出去与叔叔一起吃饭，好不好？"

小宇听后，高兴地去叫姐姐。

儿子转身走后，我这才长出了一口气，暗自佩服自己的急中生智，才避免了误导孩子。

感悟点滴

生活中，许多成人，会因为推辞、客气、礼貌，或者别的原因撒谎，说些与事实不符的话。

虽然这些在成人看来十分正常，也应该这样。但在孩子面前，父母千万要谨言慎行，否则，孩子很可能也学会这样。

总而言之，父母都希望孩子懂文明、懂礼貌、诚信、善良等等，若想达到这个目标，父母言传的同时，更要注意身教，不仅说对了，还要做对了，只有这样孩子才会服气，才愿意跟着父母学习良好的行为。

五、对孩子永远抱着正心态

我小时候，每次出去玩，回来都会弄得满身灰土，哪怕是刚穿的衣服，出去一趟就会面目全非，给妈妈增添了不少麻烦。为此，她没少责骂我，但我好像没长记性，依然照旧，每次出去玩，回来准弄得脏兮兮的。

记得有一次，妈妈把我从幼儿园接回家之后，我丢下书包就跑出去玩了，妈妈急忙追上来喊："启慧，别再把衣服弄脏了。你如果这次再弄脏衣服，就自己洗。"

我嘴里答应着"好"，一溜烟地便跑走了，根本没有把妈妈的话放在心上，玩时根本就没有戒备，因此依然是一身土地回了家。

妈妈看见了，没有像往常那样责骂我，而是让我脱下衣服，自己把它洗干净。

我觉得好玩，很快把自己的脏衣服放进盆里，学着妈妈平时洗衣的样子，放点洗衣粉，用手搓了几下，觉得很累，最后没有用清水冲洗，就把衣服拿出来晾晒了。

妈妈看着我，明知道我是越洗越脏，也不上前帮忙。

我呢，虽然累了些，但为自己会洗衣服了洋洋得意。

第二天，妈妈叫我起床时说："启慧，你昨天洗的衣服干了，就穿那件吧？"

"好！"我想都没想地答应了，觉得穿上自己洗干净的衣服是一件值得自豪的事情。

妈妈很快把衣服拿到我面前，我拿起来正要穿，却惊讶地发现衣服上面像印花一样，这里一道白，那里一道白，根本没法穿。我急忙用双手捂着眼睛，拒绝穿自己洗的衣服。

"启慧，穿衣服啊？怎么，你洗的衣服不能穿吗？"妈妈抖着衣服问。

我是既羞愧，又难受，想到自己洗一次衣服费了那么大的劲，还没有洗干净，而妈妈几乎天天洗衣服，那么辛苦，我却如此不懂事，总是把衣服弄脏，因此主动诚挚地说："妈妈，我以后出去玩，不弄脏衣服了。"

"好，一言为定，若是再把衣服弄脏，你就自己洗，而且必须要穿自己洗的衣服才行。"

我点头答应，妈妈看到了笑着伸出手指，要与我拉钩。我虽然有些犹豫，最后还是坚定地伸出了手指。

后来，我出去玩时尽量避免着把衣服弄脏，偶尔有些灰尘，但和以前相比，却好了很多。

感悟点滴

> 孩子把衣服弄脏，或者身上有什么缺点、毛病，父母不要一味地生气、责罚孩子，而忘记了去解决实质问题，这种"负"教养的方式，会丢掉教育孩子的目的。
>
> 父母应该眼睛始终盯住要解决的问题，同时使用恰当的方式，才能有效地减少孩子身上存在的问题。

儿子小宇五岁时，十分贪玩，很多次到了吃饭时间，还拿着玩具在那里津津有味地玩。为此爱人没少批评他，但是好像都没起太大的作用。

有一次，我快做好饭时，就听见爱人又在批评儿子："小宇，我说你多少次了，怎么就不听呢，没看见你妈妈都做好饭了吗？快点把你的飞机、汽车什么的收拾起来，别耽误吃饭。"

我当时心里想：也不知道小宇会不会听从爸爸的话。

就在这时，爱人气呼呼地走进厨房说："你看看这孩子，这么大了还不让人省心，叫他收拾玩具准备吃饭，还是照样玩。几乎天天这样，等别人都上桌子吃得差不多了，他才起身去吃，我真受不了你这个宝贝儿子了！"

"别为这事生气，咱们儿子只是贪玩一些而已。"我劝爱人。

"你啊，还护着孩子，那以后你负责叫他吃饭吧，我再也不想管了。"爱人有些赌气地这样说。

"好吧，你放手，交给我。"

说完这话，我立即解下围裙，走进客厅挨着小宇身边坐下说："儿子，玩得开心吗？"

"开心。"小宇还在玩，头也不抬地回答。

"虽然好玩，但现在已经到了吃饭的时间，是不是也该停下来，咱们一起吃饭啦？"小宇没有吭声，一直低着头玩。

我心想，难怪爱人生气，儿子还真是玩得起兴，好像怎么说都没有反应似的，是有些不听话。虽然如此想，但我并没有发火，而是抚摸了一下小宇的头接着说："妈妈去厨房端饭菜去了，我相信儿子能主动把玩具收拾好吃饭，不用我再叫。"

小宇听到这里，抬头看着我。我没有再说什么，只是朝他郑重地点了一下头，就回到了厨房，接着便往客厅里端饭菜。

还没有等我把饭菜全部端上来，小宇已经把玩具收拾起来，洗手上桌了。

爱人看到儿子这样，私下里对我说："没有想到，你竟然说话那么管用。"

"那当然啦，别忘记我是搞教育的！"我得意地朝爱人挤了一下眼说。

"别得意得太早，今天一次不算什么，以后儿子能到吃饭时候就主动收拾玩具，才算你的能耐！"

"咱们就走着瞧吧！"我信心十足地说。

第二天，儿子依然贪玩，到了吃饭时间还是不知道主动收拾玩具，我依然不温不火，如法炮制，小宇很快就开始收拾玩具。

第三天，小宇又贪玩，我做好饭走到他身边，还没有张嘴，他朝我笑了笑，接着就整理。

此后，到了吃饭的时间，小宇不管正在做什么，都会主动停下来，上桌子与我们一起吃饭。

感悟点滴

孩子贪玩或者有别的缺点，父母批评多次都不见效，不要因此就断定孩子不能改变，甚至想当然的认为孩子今后也不会让自己省心。如果抱着这种负面心态，孩子有可能真的不会改好，甚至越来越糟糕。

相反，父母如果对孩子持正面的态度，相信孩子能够改变，并给孩子积极的暗示，孩子就会一次比一次做得更好。

哪怕孩子一无是处，浑身都是缺点、毛病，甚至走上了犯罪的道路，父母只要对孩子一直抱着正心态，相信孩子能够改好，并对孩子积极地进行鼓励，这样不用费太大的劲，就能够改造好孩子。

我曾在一个教育方面的刊物上，看到这样一个事例——

有一个少年，读小学一年级时，父母离异，并各自再婚，他成了一个多余的人，跟着爷爷奶奶一起生活。

因为从小缺乏管教，少年不但成绩差，而且在刚读初中时就学会了抽烟、喝酒，后来还沾染上赌博、偷摸的恶习，初中没读完，便恶习过多，被学校劝退。

男孩从学校走出后，更加肆无忌惮，不仅偷摸，还迷上了赌博。因为赌博输得太多，他去抢劫，最终被送到监狱中。

这时候，几乎所有认识这个少年的人，都认为他无药可救了，而少年自己，也有破罐子破摔的心理，想着日后出去，沿着以前的轨迹走下去。

男孩进了监狱，他的妈妈听说后十分愧疚，觉得儿子落到这种地步，自己有不可推卸的责任，她决定进行弥补，并且坚信儿子是个好孩子，只是一时迷失，走错了路。

因此，只要有探监的机会，她每次必去，而且每次去时，都会重复类似的话："儿子，你虽然犯了点错误，但妈妈知道，你一定能够改正，并且深信你会做一个对自己和家庭负责、对国家有用的人。"

最初，这个少年把妈妈的话当成耳边风，不思改进，后来听得多了，又看到妈妈信任且坚定的神情，少年竟然莫名地也觉得自己能够变好，并开始了积极地改造。

几年后，少年出了监狱，他利用在狱中的几年时间，不仅改掉了以前诸多的恶习，还学了修电器的手艺，出来后开了一个店面，挣的钱不但能够养活自己，而且还经常送钱给爷爷奶奶和妈妈。

有一次，他听说附近有一个患上白血病的孩子，没有钱医治，还主动捐赠二百元钱，做起了善事。

这个曾经堕落的少年，在妈妈正心态的影响下，不但改造过来了，而且成了一个对社会有用的人。

感悟点滴

孩子在成长的过程中，不可避免地都会犯错，甚至会犯罪，但不管孩子走到哪一步，父母始终都要相信孩子能够改正。有了这种正心态，父母才不会太苛责孩子，而孩子，也会因为父母的宽容而心存感激，在这样良好的关系下，孩子才会积极地改正错误。

事实上，不管孩子表现好歹，都需要父母的支持、鼓励，有了这些正面信息的影响，孩子内心就会发生奇妙的变化，从而主动改变不良的言行，变得努力上进，最终成为一个优秀的人。

第二章
了解孩子，采取正确的教育

一、从多方面了解孩子

有一天，我骑着自行车去学校，路过天桥的时候，看到一对母女。年轻的母亲二十五六岁，女孩也就是四岁左右，扎着一个冲天小辫儿，圆脸蛋，长得十分可爱。

年轻的妈妈手拉着小女孩往天桥上走，小女孩不愿走阶梯，挣脱妈妈的手，沿着边上十厘米左右宽的坡道往上走。

我看着好玩，看时间还早，就放慢了脚步，注视着这对母女。

妈妈见女儿有好路不走，偏偏走危险的地方，走过去一把把女孩拉到阶梯上，大声说："你在那地方走，想摔死啊！"

小女孩好像没听见，甩开妈妈的手，又挪到坡道上，小心地踏上去，慢慢地往上走，一边走，还一边咯咯地笑，显得十分开心。

"你这孩子，怎么就不听妈妈的话呢？你非要走那上面，妈妈就不管你了，自己先走啦。"年轻的妈妈说着，装作真走的样子，快步往天桥上走去。

小女孩开始时不在意，见妈妈快到了天桥上，慌忙从坡道上下来，快步往上追的同时喊："妈妈，等我。"

见女儿跟上来了，年轻的妈妈停下脚步，等女儿到了身边，拉着她往下走。

小女孩见追上了妈妈，又想着从坡道上走，把手抽出来，又上了坡道，往下慢慢地挪，脸上堆满了笑容，看样子十分满足。

因为坡道倾斜度稍微有些大，女孩身子稍微歪了一下。我看到此处，本来以为女孩的妈妈会上前牵住女儿的手，扶着她一起往下走，让孩子玩个尽兴。

没有想到，她快步来到女儿面前，一下子扯住孩子的胳膊，把她拉到阶梯上，强扯着往下快走。

女孩一边使劲挣扎着，想挣脱妈妈的手，一边哭着央求说："妈妈，别拽我，让我再玩一会儿。"

但她的妈妈就像没有听见，拉着她快速往前走。一路之上，留下女孩子撕心裂肺的哭声。

感悟点滴

> 父母在养育孩子的时候，若是留心，可以发现几岁的孩子，走路好像都不愿好好走，看到一处洼地，会走往那里去，而且特别高兴；有梯路不走，会走坡路，还显得十分开心……
>
> 而父母带孩子的主要任务，就是为了在孩子成长的过程中，给他多一些快乐，这是孩子健康成长的关键。
>
> 父母应该了解这些需要，平时孩子乐意玩什么，只要不是太危险，父母都应该尽量支持，不仅如此，还应该想方设法地让孩子开心，给孩子一个快乐的童年，比什么都更加重要。

在实际生活中，我们做父母的，常常忽略了这些，因为对孩子缺少关注、沟通，而对他们缺少了解，更有甚者，会因此错上加错，责怪孩子。

我曾经就犯过这样的错误。

记得女儿小雪五岁左右的时候，有一天我从学校回来，因为要写一个报告，时间很紧，所以到家之后，我看见小雪没有像往常那样打招呼，就直接走进了书房。

我正在专心致志地写报告，忽然听到一声轻微的响动，抬头看了一下，见小雪正小心地往书房进，刚才的响动，是因为手里拿着的长气球棒碰到了门。见我抬头看她，小雪张嘴想说话，见我又低下了头工作，就没有吭声。

当发现女儿进了书房后，我虽然看似在工作，但效率低了很多，注意力还是不知不觉中转移到了小雪身上。

小雪刚开始走进书房的时候，在离我比较远的地方转悠，一会儿拿书翻看，一会儿用几本书放在一起搭房屋。就这样来回折腾了好大一会儿，见我没有搭理她，就直接走到我身边，在我左边站一会儿，又跑到右边站着，偶尔还会触碰一下我的身体，也不知道是有意还是无心。

我看女儿这样，有些不耐烦了，抬起头，瞪了小雪一眼说："没看见妈妈正在忙吗？你来书房做什么，转来转去的，不知道影响我的工作吗？"

小雪从来没有看见过我这个样子，有些吃惊地看着我，接着有点胆怯地小声说："妈妈，爸爸抱着弟弟出去玩了，家里就剩下我一个人。你回家时没和我说话，小雪才过来看看。"说完这些，扭头走了出去。

看着女儿的背影，我再也没有心思工作，站起身跟着她走了出去。

小雪听到脚步声，回头看是我，转身快步跑到我面前，一把抱住了我的双腿，万分委屈地说："妈妈，你刚才进屋时没有搭理我，小雪心里难过，才到书房找你。"

女儿的话让我十分震颤：是我忽略了女儿的感受，还因此批评她的不是，我暗自责怪自己不理解女儿的心思，后悔自己刚才的举止。

想到此，我急忙俯下身子，把女儿抱了起来。小雪十分开心，眼睛笑得眯成了一条缝。

从此后，我更加注意和女儿沟通，平时多关注她的同时，细心观察女儿的行为举止，对她有了更深的了解，也因此免除了彼此的许多不愉快。

感悟点滴

孩子小时候，特别希望得到父母的关注、关爱，从中他（她）能体验到归属感。

假若父母的行为没有满足孩子的这个心理需要，他（她）有可能就会想方设法地去引起父母的注意。如果父母不了解孩子，往往会因此责怪他（她）不懂事，结果很可能就伤了孩子那颗敏感的心，导致亲子关系疏远。

因此，父母平时一定要和孩子多交流，以此了解孩子的内心需要，并给予满足。

父母不仅要了解孩子的需要，还需要知道孩子的成长规律，强行指使孩子做那些他（她）不能或者不敢去做的事，不但令孩子难受，自己也会十分难堪。

去年中秋节，我的表弟，从老家安徽专程来看望我们，还带着五岁的儿子小虎。

当爱人从火车站把这对父子接回家的时候，正在准备饭菜的我急忙迎上去，热情地打招呼。

"表弟好啊，这是小虎吧？真可爱！"

"小虎，快叫大姨。"表弟答应了一声，拉着小虎让他叫我。

小虎在老家农村长大，从来没有来过北京，也是第一次见我们，再加上生性有些内向、腼腆，所以一看见我，不仅没叫，还一个劲地往后缩。

表弟看儿子这样给自己丢面子，十分生气，硬把小虎从身后扯出来，让他叫我。

小虎怯生生地抬头看了我一眼，慌忙转身跑到爸爸身后，拽着他的衣服不撒手。

表弟的脸色越来越难看，伸手强行拉着孩子说："你在家里天天唧唧哇哇，一刻都没有停止的时候，怎么来这里，该说话的时候不吭声啦？"

"表弟，小虎刚到这里，有点怕生，别让他叫了，过会就好啦。"我上前拉了一下表弟的衣服，劝他。

表弟这才不甘心地停住手，但看得出还是有些生孩子的气，在爱人的带领下，独自走到沙发上坐下，没有理身后的孩子。小虎想跟在爸爸身边，又怕挨训，抬头看了看我，又不敢亲近，无助地站在原地。

看到他这样，我把表弟叫到里屋说："小虎才五岁，不管在家如何活泼、爱说，去了一个陌生的环境，都会有些胆怯，这是正常现象。你强行把孩子拉出来让他叫我，不仅会增加孩子内心的恐惧，将来对孩子各方面的发展都不利。"

表弟这才有些后悔，说以后不会再这样了。他走出去，温和地把小虎叫到身边，拿了块糖给儿子，我发现小虎脸上的神情才放松了下来。

我们一家呢，也在随后的时间里，有意地接近小虎，没用半天的时间，他就和我们一家人打成了一片。

感悟点滴

五岁左右大的孩子，初次与陌生人见面，表现得胆小很正常。若是再加上孩子比较腼腆、内向，去到陌生的环境、见到陌生的人就会更加退缩。

如果父母不了解孩子，此时强制要他叫人，只会让孩子更加恐惧，结果是得不偿失。

发现孩子有这种现象，父母应该引导孩子。同时，多带孩子出去走动，以锻炼孩子的胆量，增强孩子的交际能力。久而久之，孩子自然就会克服胆怯心理，变得大方得体。

父母不了解孩子，教育起来就很盲目，当然就收不到什么效果，有可能还会得不偿失。只有了解了孩子，父母的教育才会有的放矢，才会和孩子保持一个良好的关系，也才能培养出优秀的孩子。

二、对孩子教育要遵循规律

前天放学后，同事王老师问我："李老师，你还记得教过的学生小敏吗？"

"当然记得啦，她在班年级中成绩第一，后来考上了重点一中，屈指算来，今年应该考大学了。我想，她肯定能考上一个名牌大学，考得差点也能上一类本科。"

"李老师，你还不知道吧，小敏因为成绩差，已经不上学了。"

"真的吗？她以前学习那么好，怎么能……"

"是真的，小敏以前成绩好，那是因为父母天天逼迫着孩子学习的结果。在这种情况下，孩子越来越觉得学习是个苦差事，一点也体验不到其中的乐趣，慢慢地就对学习产生了抵触的情绪，从此成绩便一落千丈，父母只好让她退学了。"

"这样的话，她父母的期望不是全落空了吗？"我问。

"只是落空的话，还是好的，有些孩子因为父母给的压力大，还因此出现心理疾病呢。"

王老师的回答，让我想起了高中的一个同学，名叫张强。张强也和小敏一样，父母从小对他的期望很大，刚会说话时就教他背唐诗、宋词，教他识字算数，总之是十分注重培养。

效果也很明显，张强自从上学开始，一直成绩良好，父母和老师都认为他将来会考一个好学校，是个有出息的孩子。

可高考的结果，却出乎人的意料，张强的成绩却只达到专科的水平。

他的父母看到这个结果很失望，叫张强复习一年重新参加高考。结果第二年的考试成绩，张强连专科线都没有到。父母骂他没有用心学习，老师见到他也是摇头叹息，觉得可惜。

在这种情况下，张强变得越来越怕见人，他不愿出门，不想说话，饭量还逐渐减少，后来发展到严重失眠。

父母以为他身体有什么问题，带孩子去医院看了一下，才知道儿子患上了抑郁症。至今，我这个名叫张强的同学，还只有在父母的监护下才能生活。

我想，若是当初张强的父母不去揠苗助长，不给孩子过大的压力，张强说不定还真能考一个好学校。最起码，也会有一个健康的心理，是一个正常的人。

感悟点滴

> 孩子从出生，到长大成人，每一个成长的阶段，都有一定的规律。作为父母，应该按照孩子的成长规律进行教育，千万不能揠苗助长，否则，很可能适得其反。
>
> 但这样的例子，在生活中却屡见不鲜。

王淑英与我是发小，自小在一起玩，长大后又是同学，后来她离开北京，去了西安。因为彼此都比较忙，一般没事时，两人很少联系了。

上个月的一天，淑英给我打来电话，声音里带着哽咽，说自己太对不起孩子。我问怎么回事，她给我原原本本地讲了发生在自己和女儿之间的一件事：

我的女儿小华，从小就十分懂事，知道努力学习，成绩也很好，几乎没让我和爱人操过什么心。面对这样一个乖巧的孩子，作为父母，我们十分自豪。

但随着女儿逐渐长大，我总觉得小华还有很大的潜力，因此对她的要求也越来越高。

有次，她考试进了班级前五名，我为她定下了一个前三名的目标，女儿听后，说自己一定不负我期望，结果一学期下来，考试成绩真的进入了前三名。

面对这样的好成绩，我还不满足，要女儿再努一把力，向第一名看齐。小华这次听了，盯着我看了一会儿，没有作声。

我当时没看出孩子的异样，满心期望她下次考试时能拿第一。

可是，结果却大大出乎我的预料，到了期末考试，女儿不仅没有拿到第一名，而且退步到前十名之外。

这个结果，我无法接受，以为是小华贪玩导致的，就把她痛骂了一顿，说女儿不了解我的良苦用心，有负我们的期望。

这是我第一次责怪女儿，当时，她强忍着泪水，哽咽着解释说："妈妈，别生气，我没想要辜负你们，也不是贪玩没好好学习，是压力大才没考好。"

我当时听女儿说出此话，知道自己冤枉了孩子，十分后悔，就一把抱住女儿，向她承认自己的错误。

女儿再也控制不住眼泪，哇哇大哭起来，一边哭一边说："妈妈，你知道吗？为了让你高兴，我一直十分努力，但这一次，你定的目标太高了，我担心达不到，有很长一段时间没睡好觉，有几次还被没考好的噩梦吓醒。"

听女儿说到这里，我的眼泪悄无声息地流了下来。这是女儿第一次说出这样的话，我才发现原来一而再，再而三地给她定高目标，提高要求是错误的……

淑英讲到这里，已经泣不成声。

感悟点滴

> 孩子的能力、精力有限，父母不能无视这些因素，给孩子提过高的要求，定太高的目标，这会给孩子在心理上造成很大的压力，不仅难有效果，还会影响到孩子的身心健康。
>
> 父母应该根据孩子现有的年龄特征，以及能力水平，给孩子提出相应的要求，让孩子稍加努力就能达到，效果最好。

可实际生活中，有许多父母，依然是不顾孩子的年龄特征，一心想着不让孩子输在起跑线上，从而揠苗助长。

有一天，我打开邮箱，发现了一封署名为受伤的孩子发来的邮件。急忙打开观看，信件内容如下：

李老师，上次你来我们学校办讲座，说有什么事情都可以找你谈谈，并留下了邮箱。

我叫小峰，今年十岁，读小学四年级，是一个生活在痛苦之中的男孩子，感觉自己很受伤。下面我给你讲讲我每天的情况。

一般情况下，别的孩子都是周一到周五上课，到了周末就可以好好放松一下，大玩一场。而我，除了周一到周五去学校上课，周末两天还要去学习钢琴、舞蹈、音乐等等，根本没有一点玩的时间。

妈妈根本没有征询我的意见，就给我报了那么多小班。我满脑子都是学习这学习那，根本得不到很好的休息，玩更是成了奢侈。

我活得好累，天天就像上战场似的，学完这个学那个。每当看到同龄人在一起无忧无虑地玩耍，我就羡慕得要死！

疲惫的我感觉到自己的生活暗无天日，而且遥遥无期，我想从中走出去，可却无法摆脱。我想向父母抗议，但每当看到他们为了我忙碌的背影，就张不开口。

我只想学好应当掌握的课程、知识，不想再上任何小班了。真希望妈妈能够了解我，答应我这个请求，还给我一个愉快的童年。

这个男孩的信，喊出了很多类似孩子的心声。我急忙给男孩回信，让他告诉我他妈妈的联系方式。

后来，我把这封信给了男孩的妈妈看，并且告诉她这样做很可能会出现相反的结果。男孩的妈妈知道了孩子的心声，也明白我的好心，答应把给儿子报的小班取消了。

为此，男孩还特地写了一封感谢信给我，说是我又让他看见了生活的希望。

感悟点滴

父母为了让孩子将来出人头地，想在起跑线上就走在前头，为此不顾孩子的年龄小，生理、心理发育不成熟，就给孩子报各种兴趣班，不留一点空闲时间，让应该玩耍的孩子背负着巨大的负担。

这样的做法不仅会让孩子失去快乐的童年，有可能还会导致孩子厌学。

希望那些拔苗助长的父母能够多看一些教育学方面的书籍，多与教育专家进行交流，掌握孩子的成长规律，了解孩子生理心理发展的特点，给孩子多留一些玩乐的时间，还孩子一个无忧、快乐的童年，这样彼此的关系才会融洽起来。

三、善于给孩子戴"高帽子"

读初一的时候，看到同桌小婷新买了一个文具盒，十分好看，我十分喜欢。

上课的时候，总忍不住转向它看，很想自己也拥有一个那样的文具盒。

回家的时候，见妈妈正在做饭，我走近她，主动帮忙择菜。

"启慧啊，你去学习吧，妈妈自己能做饭，一会儿就好了。"妈妈和爸爸一样，只要我好好学习，她再累都愿意。所以见我帮着做事，反而催促我去学习。当然，她还不知道我有目的。

"妈妈，我还是帮着您做吧，这样也快点。"我不动身，还不时地抬头看妈妈，几次欲言又止。

"启慧，你是不是有事啊？"妈妈见我不像往常一样，试探着问。

"妈妈，我，我同桌小婷新买了一个文具盒，很好看，我也想要一个。"我有些吞吞吐吐地说。

妈妈听了，盯着我看了一会儿说："启慧，这样吧，这个月你来掌管财政大权，如果有富余，你就用剩下的钱买文具盒，好吗？"

让我掌管钱财，初听妈妈这话，我有些蒙了，但心里却竟然莫名地又十分兴奋，觉得自己既然掌管钱财，肯定就能节约出要买文具盒的钱。因此，我爽快地答应了下来。

当天晚上，妈妈便把那个月的费用交到我手里，并告诉我这些钱要支撑到月底，家里所有的开销，都从这里支出。

我把钱小心地数了数，感觉还不算少，想着月底肯定能有钱买文具盒了，心里美滋滋，小心地把钱收好。

可是，结果好像与我预想的并不一样，家里需要开销的地方实在是太多，面、米、油、菜等等，这些是必需品，节省不了，但必需品的支出，几乎花去了所有的钱。在这个过程中，我还发现，爸爸的衬衫坏了，需要买一件新的，但是他没有要，妈妈缝了一下，又那样穿在了身上；妈妈的手裂口了，该买一双手套护着，可是她没要；姐姐的发卡掉了，也应该再买一个……

在"执政"掌管钱财的一个月里，我发现需要花钱的地方实在太多，而我要的文具盒，是一个奢侈品，远远排不上号。从中我了解到，不是因为妈妈不愿意给我买，实在是家里经济条件不允许。

于是，我主动找到妈妈说："文具盒我不要了，下个月，如果能节省出来钱，先给姐姐买个发卡吧。"

"启慧，你真是好孩子！"妈妈抚摸着我的头说。

以后，我再也没有要求过要买新文具盒了，一直到初中毕业。

感悟点滴

> 孩子看到别人有什么东西，感觉好，也想要。如果家庭经济条件不允许，父母直接拒绝的话，往往会伤了孩子。
>
> 此时，父母不妨给孩子戴顶"高帽子"，让他支配家里的钱财，孩子肯定会欢喜地接受。在亲自掌管钱财的过程中，孩子就会深刻体验到生活的拮据，进而会主动撤销自己的要求。

父母给孩子戴"高帽子"，不但能悄无声息地使孩子主动撤销要求，还能不动声色地纠正孩子的缺点。

曾经有一位母亲找到我，焦虑地说："李老师，我儿子网瘾太大了，天天想着玩游戏，开始在家里天天玩，后来家里的电脑我不让他用了，儿子就跑到网吧里不回，成绩也因此越来越差，怎么批评他就是屡教不改，眼看前途都要毁了，你说我该怎么办才好呢？"

"你别着急，跟我说说孩子对电脑方面知识掌握的情况。"我安慰她，同时通过询问了解孩子。

"他啊，电脑方面倒是懂得不少，像装个系统软件啦，或者 WORD 文档打不开之类的，我儿子倒是都能解决。"

"这样就好办了！"我脱口而出。

"李老师，你快说，怎么办？"这位母亲迫切地问。

"你回到家，首先电脑不要再限制孩子用，这样能够有效地阻止孩子去网吧玩游戏。其次，有不懂的问题，或者故意装作不懂，找孩子解决有关电脑方面的问题。在他圆满解答后，给孩子封一个'电脑专家'的称号，告诉他以后家里电脑硬件或者软件出了什么问题，就要找他这个'电脑专家'，这样试上一段时间，看看效果如何。实在不行，再来找我。"

"好，我回去按照你说的去做。"这位母亲听了我建议，心里没有底，但还是愿意试上一试。说实话，这样做，我也没有十足的把握。

过了大概一个月的时间，这位母亲又来找我。看她进来时精神抖擞的样子，再看她还没有开口就带着满面的笑容，我无须问，她的儿子已经有了很大的转变，但我还是等待着听一下好消息。

"李老师，你给出的高招太管用了。我回家后，就经常找儿子问有关电脑方面的问题，比如怎么开微博啦，如何接收邮件，怎么才能够更快速地找到资料呀等等。反正会的不会的，我都去问儿子，也不叫他名字了，天天喊'电脑专家'。儿子听了很开心，会的就直接告诉我如何操作，不会的呢，就向别人请教，或者上网去查应该如何操作。这样，他打游戏的时间自然就少多了，掌握的电脑知识却越来越丰富了。前几天，我儿子学校举行计算机方面的比赛，他还获得了二等奖呢。"

听到这里，我也是喜上眉梢。

给孩子戴"高帽子"，我不仅教别人这样教育孩子，自己也多采取此方式。

记得女儿小雪三岁时，就对故事有着特别的兴趣，只要见我有空，肯定会让我给她讲。而且，每天晚上临睡觉前，讲故事是必修课。

我呢，当然也乐意给女儿讲，从开始讲童话、寓言中的故事，到后来自己编各种小故事。再后来，我给女儿讲个故事，也让她根据所听到的故事，编故事给我听。

小雪开始不太愿意，说她不会编。我启发她想想以前听过的故事，改变一下故事内容，或者事情发生的时间、地点等等。

在我的引导下，小雪慢慢地能编一个完整的故事了，虽然用的是以前故事的原型，但已经有进步了。

有一次，我给小雪讲完一个故事后，接着让她给我讲，可能是因为长时间的积累，一下子发生了质变，这次女儿小雪讲的故事不仅内容是新颖的，而且还比较精彩，我听后由衷地说："闺女，你将来肯定能成为一个大作家。"

听我这样说，小雪拍着双手说："好，那我以后就当作家啦！"

"别以后呀，现在妈妈就开始称你'作家'了。"我当时就给女儿戴了一顶高帽子。

"好啊，好啊！我是作家，以后要写好多好多好故事！超过妈妈。"小雪拍着双手喊，小脸兴奋得通红。

"'作家'，那你现在，该做什么啊？"我问女儿。

"多编故事。"小雪想都没想地回答。

我笑着说："好，'作家'，妈妈以后负责听你讲故事。"

此后，小雪开始喜欢上编故事，只要一看到我空闲，就会走上前，给我讲她新编的故事。每次我听完，都不会忘记赞扬一句类似的话："'作家'，你的构思太精妙了，妈妈都想不到这样的布局呢。"

小雪戴着这顶"高帽子"，是越来越喜欢编故事。

去年的国庆节，女儿学校国庆征稿，小雪随手写了一篇交上去，立即被采纳。她回家后兴奋地对我说："妈妈，学校国庆节征稿，我的文章被选中啦！"

此时，我还没有忘记调侃她一句："'作家'，这是妈妈意料之中的事啦！"女儿不像小时候那时听后得意地摇头晃脑，现在听后有些羞涩地低下了头，但我知道，虽然年龄大了一些，但这时候给她戴"高帽子"，一样对她有促进作用。

感悟点滴

孩子有缺点，父母可以给孩子戴一顶相关的"高帽子"，让他从中认识到自己的不足，从而主动弥补、改正，努力朝"高帽子"靠齐。

孩子本来有优势，父母给孩子戴一顶"高帽子"，是对孩子的一种肯定，他会因此自豪，信心增加的同时，更加努力，从而变得更加优秀。

不管是改正孩子的缺点，还是想增加孩子的优势，父母给孩子戴一顶"高帽子"，都会起到良好的作用。所以，父母要善于给孩子戴"高帽子"。

四、投其所好，拉近关系

我和爸爸的关系，相对于妈妈来说，比较疏远。总觉得爸爸不可亲近，但却又渴望向他靠近，并想着各种办法讨好爸爸。

可是结果，却让我不愿再向他走近，这源于我读五年级时，发生的一件事。

自从我上学开始，由于爸爸经常督促我学习，成绩一直不错。在读五年级时，因为我的努力，成绩达到了巅峰。期中考试语文得了九十分，数学得了九十五分，在班里居第二名，比以前提高了好几个名次，这是我从未有过的好成绩。

一放学，我便拿着成绩单，飞快地往家跑去，想把这个好消息告诉爸爸。因为，他一向对我要求很高，轻易不会夸奖，现在我成绩一下子提高这么多，心想肯定能得到他的表扬。

这样想着，心情十分激动，到家后见爸爸上地还没有回来，我焦急地等待着，几次出门张望。

妈妈看我这样，好奇地问："启慧，你看什么呢？"

"爸爸呢，他什么时候回来。"我问妈妈。

"天已黑，马上就该到家了。闺女，今怎么啦，这么迫切地想见爸爸。"她不解地问。因为平时，我基本上都不会问爸爸有关的事。

"没事，妈妈，你忙吧！"我没有把好成绩先告诉妈妈，就是想亲口告诉爸爸，让他最先知道，给爸爸一个惊喜，好得到他的表扬。

又过了一会儿，爸爸扛着锄头回来了。等他进屋后，洗罢手，我满脸兴奋地走到他面前说："爸爸，期中考试成绩下来了。"

"下来啦，各科考了多少？"爸爸最关心我的成绩，一听来了精神，看着我问。

"语文得了九十分，数学得了九十五分，在班里占第二名。"我一口气说完，激动地看着爸爸，等待着他的表扬。

"嗯，有进步了。只是，还需要再接再厉，向第一名看齐！绝对不能骄傲啊！"我满怀着被夸奖的期望，没有想到等来的却是这种话，万分沮丧地低下头，默默地转身离开，初拿到成绩单的高兴心情也一扫而光。

自从这件事情发生之后，我有意疏远了爸爸，一直到读高中时，我们之间的亲子关系才逐渐缓和。

感悟点滴

父母都关心孩子的成绩，学习成绩往往是他们谈话的主题。父母都希望孩子有更好的表现，因此虽然孩子表现得不错了，却好像没看见。

而孩子，却渴望父母的赏识，取得好成绩，盼望着父母的夸赞，并希望父母能全方位的关心自己。

结果，父母和孩子的愿望背道而驰，这容易导致亲子关系疏远，不利于对孩子进一步的教育。

因为有了深刻的亲身体验，我在教育自己的两个孩子时，就注意避免这类事情的发生。与此同时，还留心孩子所感兴趣的事情，并投其所好。

我的女儿小雪，不知道是因为名字里面有个"雪"字，还是本身就特别喜欢雪，在她刚刚两岁时，那年下雪，我抱着她指着外面看："小雪，你看外面的雪花，多漂亮啊，喜欢吗？"

小雪认真地盯着外边正在飘洒的雪花，脸上露出开心的笑容，还向外伸着小手，想要亲自触摸一下。

第二年冬天又下雪时，女儿已经能走路，她小手拽着我，非要让我随她出去踏雪。那时候，小雪还太小，身体又比较弱，我担心她受不了冻，只是抱着女儿隔窗户看着。但从这时候起，我知道女儿确实比较喜欢雪花。

第三年，小雪身体比以前强壮了些，但是我因为刚生下小宇不久，身体还没有完全康复，就没能带着女儿出去玩，但到了下雪时，还是陪着女儿一起在屋内欣赏。

第四年，小雪五岁时，当年再次下雪时，没等女儿要求，我就带着她从屋里冲向外面银装素裹的世界，一起打雪仗、堆雪人，玩得兴致勃勃，一点都不觉得寒冷。

从那年开始至今，每年下雪的时候，我和女儿都会出去大玩一场。有时候，小雪因为作业忙，或者别的事情忘记了，我也会提醒她："小雪，下雪啦，走，咱们出去好好玩玩。"

女儿就会立即放下手中的事情，兴高采烈地随我一起出去。

去年，雪下得很大，而且下了好几场。每一次，我都带着女儿出去玩雪、赏雪。最后一次，我和小雪一起出去，小雪提议："妈妈，咱们堆雪人吧。"

"好啊！来，现在就开始。"

我们俩很快堆出两个雪人，一大一小，面对着面。

小雪在两个雪人中间，又用雪制作了一个"心"形。然后，她站在雪人旁边，指着那个大的说："妈妈，这个是你！"接着指着那个小的说："这个是我。"最后，又指着那个"心"形的雪块说："我们俩心连着心。"

"呵呵，女儿，说说看，咱们娘俩怎么心连着心？"我笑着问小雪。

"就拿我喜欢雪天来说吧，妈妈你不但记在心里，每次不管有什么事，总是放下来陪我一起出来玩，这不是和我心连着心吗？"

女儿说着话，走到我身边，依靠着我的肩膀说："我为有你这样一个妈妈而自豪！"听着小雪的话，我心里比吃了蜜还甜。

事实上，不仅父母平时投其所好，能使孩子打开心扉，使彼此的心连接在一起。就是在与孩子发生摩擦、处于冷战时，如果父母投其所好，也能够很快缓和糟糕的亲子关系。

曾经有一位母亲找我咨询说："李老师，前几天，我因为批评儿子过于严重，一连两个星期了，他对我都是爱答不理的。身为母亲，我心里实在是难受啊！"说到这儿，她忍不住流下了眼泪。

"别难过啦，我教你一个好办法，准保能和你儿子缓和关系。"我忙安慰。

"真的啊，李老师，您快点告诉我！"这位母亲一听，立即止住眼泪，迫切地说。

"你知道孩子有哪些爱好吗？或者喜欢什么东西？"

"他喜欢的？我知道的就是踢足球，一到周末，就会约几个同学一起，至少踢上一回。"这位母亲皱眉想了一下说。

"那就从这里下手吧！以后到了周末，你可以提醒儿子去踢球，儿子踢球回来后，问问他玩得是否开心，谁球踢得最好，哪个踢得最差等有关足球的话题。"

我说到这里，停了下来。这位母亲听了，有些没理解我的意思，诧异地问："李老师，就这些啊，能行吗？"

"你和儿子谈论他喜欢的事情，投其所好，孩子自然乐意与你交流，坚持下去，你和儿子的关系就会逐渐缓和。"

"嗯，是这样啊！"听我解释后，这位母亲才如梦初醒，急忙连连点头说："李老师，这个办法不错，谢谢你啊！"说完话，高兴地转身要告辞。

我想到了她来时说因为批评儿子过分了，母子之间才有了隔阂，于是提醒说："下次再批评孩子，点到为止。而且，平时多留心孩子的喜好，并把我教的方法一直实施下去。"她笑着答应，说一定按照我所说去做。

目送着她远去的身影，我希望这位母亲按照我所说的去做后，母子的关系能够很快和好如初。

结果，如我所想一样。刚过去两个星期，这位母亲又再次找到我，满脸笑容地说："李老师，你教的办法太好了，我试着用了几次，现在儿子已经主动和我说话啦！以后啊，我还真得坚持下去。"

这样的好消息，我听了无数次，用微笑作为回应，表明对于这个结果，我与她一样开心。

感悟点滴

父母在平时，应该多留心观察，看孩子喜欢玩什么，有什么爱好，最关心什么事情……

　　父母只有了解了这些，并投其所好，孩子才会向父母敞开心扉，与其亲近。就是与孩子有了矛盾、隔阂，如果父母能投其所好，也能有效地拉近与孩子之间距离，使亲子关系变得和谐，进而取得良好的教育效果。

五、呵护孩子的失意

　　一天，我下班后，准备去市场买点菜，路上碰见了朋友杨君芳。她骑着自行车，远远地见到我，一边摆手示意，一边紧蹬了几下，很快就到了我面前，她下了自行车，热情地打招呼："启慧，好久没见了，你这要到哪儿去啊？"

　　"我想去市场买点菜，你呢，这是要去哪儿？"我也下了车子问。

　　"真巧啊，我和女儿也正要去市场呢，咱们一起走吧。"听到这话，我才注意到她旁边刚下了车子的小美，正要和孩子打招呼，杨君芳先开了口："小美，快叫阿姨。"

　　"阿姨好！"小美朝我低声说。

　　我看她的神情，好像有些不开心，就关心地问："小美，怎么了？是不是遇到了烦心事呀？"

　　"我这次考试，没考好，心里难过。"小美神情沮丧地说。

　　"小美，一次考得差并不……"

　　"你没考好，是自己没有努力学习造成，还是因为粗心大意导致？没考好，怨谁啊？没考好，我不责怪你就算了，还想让人安慰你呀！"我正想用好言抚慰孩子，杨君芳满脸不高兴地打断了我的话。

　　小美听后，气愤地瞪了她妈一眼，推着自行车，转身往家的方向骑去。

　　"你看看，你看看，我这个女儿，就是不让人省心，考不好，还不让说。"杨君芳愤愤不平地朝我发着牢骚。

"依我看啊，不是孩子不让你省心，是你真的不了解小美的心理，不知道如何教育孩子。"

"我，我哪里做错了啊？"朋友不满地问。

"你认为，孩子考不好心情会好？"我不答反问。

"她考不好赖她自己。"杨君芳还生女儿的气，说话很冲。

"孩子没考好，你这样批评她，会起什么作用？能激励孩子好好学习吗？只是会让孩子更加难过、气恼。"我也不客气了，直接说。

她听后看了我一眼，想着刚才女儿生气地离开，张了张嘴，没有出声。

"你自己难过时，需要别人安慰，孩子那么小，没考好心情沮丧，是不是更需要抚慰？"

"好啦！启慧，我知道了，下次不这样了。"朋友红着脸小声说。

我见她意识到了自己的错误，不便再深说，就此转移话题，与她一起去市场买菜。但想着刚才发生的那一幕，心里还是有些不舒服。我想，此时杨君芳，心里肯定会更加难受。

感悟点滴

> 很多父母，一听孩子没考好，或者与别人相比某些方面表现差等，想都不想，就开始批评。
>
> 其实，哪个孩子都想有个好成绩，都愿意争第一。没考好，孩子心里比任何人都难过，此时父母再指责，就像雪上加霜，只会使孩子更加难以忍受。最终的结果，只能导致亲子关系疏远，甚至能把孩子逼上绝路。

我所在小区里一户人家，就发生过这样不幸的事，这家人我还认识。男的叫王杰，重点大学的高才生，是个医生，他的老婆殷红，则是个私企老总。夫妻俩，都是争强好胜的主儿，因此对儿子王可，也是期望大，要求高。

王可这孩子，也没辜负父母厚望，几乎每次考试，都能在前三名之内。尤其是理科，在全校第一，经常代表学校参加比赛，总能拿到好名次。

可是，再优秀的孩子，也不可能没有失误的时候。前段时间，王可所在学校又与别的学校举行竞赛考试，他入选参加竞赛，因为粗心，有一题看错了，不仅没有得到名次，而且分数还很低。

这样糟糕的考试成绩，王可还从来都没有过。他知道成绩后，难过地大哭了一场。

回到家后，王可把考试结果告诉了父母，本来想从他们那里得到点慰藉，但没想到父亲听到后，对他不理不睬。而母亲得知这个情况后，却数落他不争气，给自己丢人。

王可心理彻底崩溃了，他再也忍受不住，当天晚上，他就选择了割腕自杀，想离开这个世界。幸亏父母去他屋里找东西，发现得及时，把他送到医院，才得以保全性命。

当时发生这事时，人们都不太相信，说这样一个优秀的孩子，家庭条件优越，成绩又好，前途无限光明，怎么会想到自杀呢。就是我，在刚听说这件事时，也是困惑不解。

过了好长时间，有一次，我与王可的父母聊天过程中，他们讲到了儿子自杀这件事，提起那次竞赛考试，以及他们对儿子的态度，说自己十分后悔，再也不会那样对待儿子，我才知道了具体的原因。

感悟点滴

> 父母希望孩子取得好成绩，做什么事情能成功，与别人比赛获得胜利……事实上，不仅父母是这样的心理，孩子也是如此，因为谁都不愿意落后于人。
>
> 但是，实际情况是，孩子不可能方方面面都比别人强，即便真的强，也避免不了有失误的时候，因此会出现不好的结果。
>
> 孩子心理比较脆弱、敏感，承受不住过多的压力、打击。尤其是父母，是孩子最信赖的人，不应该在孩子失意的时候再去责备，否则，孩子很容易就会出问题。

我的两个孩子，小雪和小宇，都十分健康快乐，不管遇到什么失意的事，都能很快走出来，我这个做妈妈的在其中起了关键性的作用。

就拿女儿小雪来说吧，记得她有次参加作文比赛，根据以往的表现，我觉得女儿肯定能拿到名次，她也这样认为。结果出来后，由于小雪作文的立意没选好而名落孙山。

女儿回到家，沮丧地说："妈妈，对不起！作文竞赛我没有获得名次。"说完这话，就低头耷脑地回到了自己的房间。

看着女儿这样难受，我放下手中的事，随后跟着走进去。见小雪躺在床上，正在默默地流眼泪，看样子作文没写好，她心里异常地难过。

我紧挨着小雪坐下，轻拍着她的后背说："小雪，别难过了，这是正常现象。莫说是你，就是妈妈，甚至是当前知名的作家，也不是每次写什么就一定很完美，总会有这样那样的不足。因为知道这些不足之处，才能有更大的进步。从这点来说，这次作文比赛的失利，反而是好事，是不是？"

听我这样说，小雪止住眼泪，翻身坐起问："妈妈，你是这样认为的？"

我郑重地点点头继续开导说："女儿，胜败乃兵家常事，谁都不可避免，应该做到胜不骄，一如既往地努力；败不馁，吸取教训继续前进，才真正经得起考验，能够笑到最后。"

"妈妈，我知道了，现在已经不难过啦！"小雪依偎在我身上说。

为了避免女儿再轻易陷入消极情绪里不能走出，我没有就此停止，抚摸着女儿的秀发，深情地说："小雪，你不知道，看着你难过，妈妈心里比你还难受呢！"

"妈妈，为了不让你难受，我以后也不会这样啦！再说了，我现在已经明白难过起不了作用，以后再遇到这事，肯定会有意识地主动调节自己，妈妈，你就放心吧！"

看着女儿笑靥如花，我知道她已经彻底从竞赛作文失利中走了出来，才不再劝慰。

感悟点滴

> 　　孩子竞赛失利，这时候，父母首先需做的事，就是安慰孩子，呵护孩子的失意，并想办法疏导，这样孩子才能很快从消极的情绪里走出来。
>
> 　　紧接着，父母再给孩子正确的指导，使孩子自信地接受下次的挑战，如此孩子才能越来越坚强，越来越优秀。

六、因材施教，效果才会更好

　　上个星期，爱人去朋友家玩，在那里偶尔听到朋友的女儿弹钢琴，觉得十分动听，也有了让小宇报钢琴班的念头。

　　回来之后，爱人把这个想法给我说了一下。谁都希望自己的孩子能多有一些特长，我也是如此，所以对爱人所提的这个建议，没有反对。

　　他便做主，给小宇报了一个钢琴班。从上个周六开始上课。

　　那天早上，爱人很早就把小宇叫起来，说要带着他去一个神秘的地方。小宇一听"神秘"二字，一向好奇的他没有多思考，就跟着爸爸出去了。

　　走到学校的门口，马上就要进去，小宇忍不住了，问爸爸："你要带我干什么去？"

　　爱人看没法再瞒儿子了，才告诉他说："小宇，爸爸觉得弹钢琴有许多好处，就给你报了一个钢琴兴趣班，你一定要用心学习啊。"

　　小宇有可能对钢琴不感兴趣，听到这话，甩开爸爸的手说："你觉得好你学，我不学。"

　　爱人见儿子这样，生气地说："我已经给你报了名，学费都交了，你不想学也得学。"

听爸爸这样说，小宇感觉十分委屈，怒气冲冲地盯着父亲说："你既然报名了，你就进去学吧，我现在就回家。"小宇说着话，扭转身要自己往家走。

儿子执意不愿意学钢琴，爱人开始还比较生气，后来见小宇要往家走，又担心他的安全问题，急忙追上说："好啦，你不上就不上了，在学校外等我一会儿，看能不能把报名费要回来。"

听到这话，小宇才停下脚步，在学校外等他爸爸出来，一起回了家。

晚上，我从咨询室回去，爱人把带小宇去学校的经过给我讲了一遍，因为心里还有气，就数落小宇的不是，讲他不听话，末了还说是我把孩子惯坏了。

我知道爱人心里有火，这样说也只是发泄一下怨气而已，一笑了之。但对于小宇这种比较有主见的表现，我还是比较赞赏的。

感悟点滴

现在的社会竞争激烈，几乎所有的父母，都希望自己的孩子能够多学一些知识，多掌握一种技能，多有几项特长。

但父母这样做的前提，不是看别的孩子有什么优势，因为羡慕才让孩子去学习。如果孩子对此没有兴趣，学不到东西不说，还会因此失去很多快乐。

因此，父母让孩子学习什么，应该把孩子的兴趣作为出发点，根据孩子的爱好去选择，这样孩子学着轻松，即便累也不会觉得辛苦。

我的堂弟，就是这样一个人。

堂弟今年三十岁，从小学习不错，叔叔对他的期望很大，希望堂弟将来能考大学，有一个轻松的职业，最好能当一名人民教师。

但是，堂弟从小就喜欢玩车，所以读完初中后，他不顾父母的反对辍学了，开始报名学开车。

现在，堂弟是一名出租车司机，每天起早摸黑的工作，赚的钱也不多。但是他每天却很快乐，并且一点都不觉得辛苦。

前几天，我刚好碰到堂弟下楼，见他乐呵呵的模样，笑着问："别人都说，出租车司机，一天是机器人，一天是植物人，但从你身上，好像看不到这种状况啊。"

堂弟听了，反问我："姐，你说当老师辛苦吗？天天站着喝粉笔末儿，还得备课，面对一群调皮捣蛋的孩子，要想方设法把他们教好……你可能爱好，不觉得累，但若换作我，怕是一天都受不了，因为我不喜欢教学。"

"我知道你不喜欢当老师，叔叔那时候给我提起过，他最想让你做的行业，也就是教师。"我接过话说。

堂弟听了，苦笑了一下说："教师这个行业，在大多数人眼里，可能还不错。但我就是不喜欢。而出租车这个行业，虽然客观上是比较辛苦一些，但我自幼爱好，所以没有感觉到特别的累。"

"你讲得还挺有道理。的确是这样，不管哪一行，都有许多人在做，有的人觉得累，有的人没有感觉到辛苦。其中最主要的原因，就看是不是爱好这方面的工作。而起关键作用的，就是心情。"我感叹。

"姐，回头再聊，我到出车的时间啦！"堂弟见对班的来送车了，对我说道。

"好，你去吧。"

"生活，是一团麻，那也有解不开的小疙瘩啊……"看着堂弟哼着歌曲，走向车子，我的心情受他影响，那天也出奇地好，一天工作下来，没有像平时感觉到那么累！

从堂弟身上，我强烈地感觉到，父母一定要顺应孩子的爱好，这样孩子才会快乐。与此同时，父母更应该因材施教，这样孩子不仅开心，还会有更大的收获。

我在一次讲座中，就遇到一个在这样教育环境下的女孩。

记得那天，我到一个初中学校办完讲座后，正收拾东西准备离开。一个亭亭玉立的女孩，在一位中年妇女的陪同下，来到我面前。女孩略有些害羞地问："李老师，我叫小英，早就听说过你。今天特地过来听讲座，顺便向你请教一些写作方面的问题。"

"你是小英？"我有些惊讶地问。

女孩害羞地点了点头问："李老师，你听说过我？"

"我来学校时，偶尔听老师们谈论起你，说你成绩不但好，而且文章也写得十分精彩，有许多报刊都曾采用过你的短文，并且还听说，你现在正写小说呢，是吧？"

"嗯，我从小听的故事多，想象力也因此比较丰富。"

"看你今天的可喜成绩，光是小时候听故事多，想象力也达不到这样高的水准，肯定有人引导才成。我想，你的父母肯定在其中起到了很大的作用。"由于一直研究和关注教育方面的事情，所以习惯使然，让我不由自主地联想到与教育有关的事情。

"李老师，我是孩子的母亲。你说得很对，孩子小时候喜欢听故事，我就天天给她讲，像中外寓言、童话等等，都一一讲了个遍。后来，孩子认识字之后，我又买回好多名著，让她自己阅读。孩子开始看，后来竟然有要写的冲动。这时候，我就鼓励孩子尝试着去写，慢慢地，她就有文章发表了。"

小英身边的中年妇女滔滔不绝地说，我听完，点头赞赏道："女儿今天取得这么大的成绩，是你因材施教的结果，也有你一半的功劳啊！"

小英的妈妈深有感触地点头，然后对我说："李老师，今天听说你来办讲座，我特地带着女儿赶过来，向您请教一些写作方面的技巧。"

"好啊，我十分乐意效劳。"我说完，便把自己所知道的，挑拣重点告诉了这对母女，希望小英的写作能力提高得更快，将来有更大的发展，成为一个优秀的作家。

感悟点滴

孩子是否优秀，主要看父母如何教育。通过观察孩子，发现他（她）的擅长之处，顺应孩子的兴趣教育，根据孩子的喜好进行引导，因材进行施教，有针对性地去培养。这样才能使孩子真正拥有一技之长，将来在这个社会才会占有一席之地。

父母千万不要看别的孩子学什么好，就盲目跟风，只有根据孩子天性禀赋去引导和培养，才会收到良好的教育效果。

第三章
学会赏识，孩子才会越变越好

一、关注孩子身上的闪光点

我在教学的过程中，发现许多父母的教育方式中有不妥之处，而孩子，也因为在不当的教育下，出现了许多问题。由于是学习心理学专业，我决定开办一个青少年心理咨询室。自从这个心理咨询室开张后，每个周末都会接触到许多不同的父母和孩子。

这天周六，我早早地打开咨询室的门，刚收拾完房间，就见一位三十多岁的母亲，眉头紧锁着，用手拉着一个十岁左右的男孩，匆忙走了进来。

"请坐，有什么事需要我帮忙吗？"我温和地问。

年轻的母亲扭头狠狠地看了身边的儿子一眼，转过头对我滔滔不绝地说："我这个儿子，学习成绩差不说，还好和别的孩子打架，更可气的是，小小年纪，竟然学会了上网，我对他是失望到了极点……"说着话，年轻的母亲泪如雨下，掩面哭泣。

"你真觉得孩子一无是处吗？"我轻轻拍了一下这位母亲的肩膀，在她情绪稍微缓和点时问。

"他，哪里有什么优点，浑身上下，不是缺点，就是毛病！"年轻母亲刚平息的情绪又上来了，看着儿子大声说，话中充满了无限的怨恨。

我注意到，男孩听完母亲这话，把头扭向了一边，看样子不仅不认同母亲的话，而且亲子关系十分糟糕。

"孩子，你认为自己有什么优点？"我问。

小男孩抬头看了看母亲，又低下头去，没有吭声。

"孩子，不要受你妈妈的影响，跟阿姨说一下你内心的真实想法，好吗？"我进一步追问。

"我，我觉得自己有许多优点，可是，妈妈却看不见。"男孩鼓足勇气，有些羞涩地对我说。

"呵呵，说说看，都有哪些优点？"我笑着鼓励。

"我孝顺爷爷、奶奶，每天吃饭的时候，我都给他们拿凳子；有小朋友到家里来，我还拿出自己好吃的分给他们；我还帮……"

男孩还在一直滔滔不绝地继续说着，但听到此处，我已经明白了一切。眼前的这个男孩，不是没有优点，是因为他的妈妈根本不去看这些。

感悟点滴

> 很多父母，都像上例中年轻的母亲一样，想拥有一个完美的孩子，不希望他有任何毛病，所以只要看到孩子的缺点，就希望他能够尽快地改正，但却忽略了孩子的长处，对孩子的优点视而不见。
>
> 这样眼睛天天盯着孩子的缺点不放，认为他身上存在着太多的问题，不仅折磨自己，对孩子也没有任何好处。
>
> 因此，作为父母，应该全面正确地看待与评价孩子，这才更有利于孩子的成长。

当然，父母不仅要把眼光放在孩子的优点上，而且还应及时夸奖，才会收到良好的效果，这点，我身为两个孩子的母亲，在教育孩子的过程中，有着很深的体会。

我的儿子小宇，今年十岁，读四年级。他身上一个最大的优点，就是不管自己多么喜欢吃的东西，只要是家里来了客人，或者是他的同学过来玩，都会毫不迟疑地拿出来与别人分享。

之所以会这样，与他四岁时，第一次给人分享吃的东西，并因此得到了我的赞扬有很大的关系。这件事，至今想起来还历历在目。

记得那天是小宇的生日，爱人从幼儿园把儿子接回来，顺便买回来一包开心果，算是给小宇的生日礼物。

回家之后，爱人打开包装，拿出一个开心果，剥壳的同时对儿子说："小宇，今天是你生日，爸爸把第一个开心果剥给你吃，好不好？"

"好，好！"小宇连声答应。

爱人剥好后，放在儿子嘴里。小宇还没有咀嚼碎，就嚷嚷着："好吃，真好吃，爸爸还给我剥。"

正在这时，我从小学把读三年级的女儿小雪接了回来。小宇一见我们俩，拿起开心果袋子，朝我们跑了过来，给我和小雪一人一个说："这是开心果，爸爸给我买的生日礼物，很好吃。"

看儿子如此乖顺、懂事，我蹲下身子弯腰把他搂在怀里表扬："把这么好吃的开心果拿出来给大家分享，真是个好孩子。"

小宇听了，十分兴奋，小脸因此涨得通红。他有些不好意思地笑了一下，对我说："妈妈，你剥开吃吧，吃了我还会给你倒。"说完，小宇还举了举手中的开心果袋。

自从得到我的表扬后，以前比较小气的儿子，之后不管有什么好吃的东西或者是好玩的玩具，都会主动拿出来与人分享，一直到现在都是这样。

儿子一次不经意间把吃的东西分给别人，经过我的表扬，现在已经固化成了他的一个良好习惯，这是我发现儿子的优点及时表扬的结果。

感悟点滴

> 每个孩子身上，都是优缺点并存。孩子如果表现得不是那么优秀，很可能是因为父母长时期对他的优点熟视无睹导致。作为父母，眼睛不仅要多看孩子的优点，还应该有意识地去赞扬，以强化孩子的好行为，促其形成良好的习惯，孩子将来才更容易走向成功。

事实上，孩子身上的优点，不仅有，而且还很多，甚至在表面明明是不好的事情上，有可能也间杂着值得肯定之处。只要父母用心寻找，在孩子的错误或者失败中，也能发现可以赞许的地方。

　　如果此时父母及时发现并指出表扬，不仅会拉近与孩子之间的关系，还能促使孩子更加努力进取。

　　前段时间，读初中的女儿小雪，报名参加了学校举行的运动会，选择的项目是八百米长跑。

　　为了表示对女儿的支持，我那天没有去咨询室，而特地去学校为女儿呐喊助威。

　　开始比赛时，指挥员一声令下，参赛的几十位学生都争着朝前跑，小雪速度最快，一直遥遥领先。由于开始时跑得过快，一圈之后，她渐渐体力不支，速度慢了下来。我见她喘着粗气，脸涨得通红，而且汗如雨下，十分心疼，在场外随着女儿的脚步一起往前跑，还不时地举手、鼓掌，为她加油。

　　在此期间，有许多参赛的孩子，像小雪一样，由于开始时使出了浑身的劲儿跑，结果体力透支，落在了后面。他们自知获得名次无望，就此停了下来。

　　而小雪，虽然十分累，但却在我的鼓励下，坚持跑到了终点。

　　我迎上去，用湿毛巾擦了擦女儿脸上的汗，接着扶着她又向前慢跑了几十米，这才搀扶着女儿坐下歇息，并递给她一瓶已经打开盖的矿泉水。

　　小雪接过去喝了两口，又休息了一小会，喘息逐渐变得均匀。我正要问女儿还感觉累不累时，她眼睛却盯着我，有些不安地说："妈妈，你来看比赛，可是我却没拿到名次，是不是让你失望啦？"

　　"呵呵，女儿，说什么呢，妈妈不仅不失望，还为你感到自豪呢。你看，自己又累又渴，还坚持跑到了终点，毅力实在可嘉，比中途退出比赛的同学强多啦。"

　　"妈妈，听了你的话，我的心情好多啦，明年我还会再接再厉，报名参加比赛，争取拿到名次。"小雪靠在我的肩膀上，信心十足地说。

　　看着因为我的鼓励，女儿不仅没被失败打倒，反而变得更加坚强，我也跟着开心。

感悟点滴

> 　　每个人都希望被赏识，孩子也是如此，并且只有在赏识中，孩子才能不断地取得进步，越变越好。
>
> 　　如果父母总是盯着孩子的缺点、毛病，经常指责孩子的不是，这样亲子关系恶化不说，孩子也会逐渐失去自信，进而颓废，不思进取，最终会成为一无是处之人。
>
> 　　因此，父母不仅要多盯着孩子的优点，而且还应善于从孩子的错误或者失败中，不断地发现和挖掘出孩子的闪光之处，进而给予表扬。这样，孩子开心，亲子关系自然就会融洽，而孩子好的行为也同时得到了强化，并因此变得越来越优秀。

二、对孩子多肯定，少否定、批评

　　有一次，我在浏览网页时，偶尔看到一则资料，说日本的江本胜博士，做了一项有趣的实验。

　　他把来自同一处、一样的大米，分成相等的两份，放在同样的环境中。随后，他每天对着其中的一份大米，说出各种各样赞美的话；而对另一份大米，却找各种理由责骂。

　　这样过了一段时间，江本胜博士赫然发现，那份经常挨骂的大米，竟然发霉变质了。而那份天天听赞美的话的大米，却几乎没有什么变化。

　　这个神奇的实验，在没有生命的大米身上，竟然会出现如此大的变化，若是用在教育孩子身上，当然效果会更加明显。

我深信，如果一个孩子，经常遭受责骂，那么这个孩子，肯定会变得越来越糟糕。我曾接触过一个男孩，他身上前后巨大的变化，是个有力的证明。

男孩与我家同住在一个小区，他出生在一个经济良好的家庭，爸爸开了一家公司，生意做得很大，母亲温柔贤惠，是个家庭主妇，对男孩照顾周到，教育有方。

在这样的环境中成长，小男孩不但对人彬彬有礼，而且知道用功学习，成绩优秀，谁看见他都夸奖，说男孩将来肯定会有大出息。

男孩读五年级的时候，他的爸爸因为在外面又找了一个女人，夫妻两人感情破裂，离了婚，男孩被判给了妈妈抚养。

男孩的妈妈，想到自己一心一意为这个家付出，没曾想却落了这样一个结局，心情很糟糕，就经常指责孩子的不是，动不动拿男孩出气，对他进行打骂。

一年后，这个小男孩成绩不但下降了，而且还学会了许多恶习：抽烟、撒谎、打架等等，成了一个人见人烦的问题孩子。

我想，男孩之所以在一年之内，由好变坏，妈妈的批评、责备，应该占主要因素。

感悟点滴

孩子需要得到别人的肯定、认可。若是最亲爱的人总是批评、责备自己，再如何优秀的孩子，也会对自己失去信心，进而颓废，甚至产生破罐子破摔的心理和行为。到了这个时候，父母再怎么后悔，都已经太迟。

父母遇到了难解的烦心事，绝对不能往孩子身上撒气，即便是孩子本身有什么问题，父母也不能总是责备，这样影响亲子关系，孩子也不会听从父母的指挥。

一天，我去表妹家，她六岁的女儿小黎正在地上玩，面前乱七八糟地摊了一大堆玩具。

表妹嫌屋里太乱，就对正在玩的女儿说："小黎，把玩具收起来。"

小黎正玩得高兴，没有吭声，继续摆弄玩具。

表妹见女儿不动弹，转脸对我说："姐，你看，现在的孩子就是这样，真不听话。"

说完此话，表妹转身走到女儿面前，大声喊："小黎，我再说一遍，把玩具收起来，你听到了没有？如果再不听话，我就把所有玩具都没收，叫你以后再也玩不成！"

"见了谁都说我不听话，我就是不听话，你想收拾就自己收拾吧，玩具没收了我不玩了，有什么大不了的！"

小黎说完这些话，站起身，闷闷不乐地走进了自己的房间，关上了门。看样子，她对妈妈说自己"不听话"十分反对。

表妹见女儿这样，尴尬地站在那里，脸涨得通红，想说什么，嘴动了动，没有出声。

我走到玩具前，一边收拾，一边劝表妹："别全怪孩子，你总说她不听话，就是听话的孩子，都变成不听话的孩子了。你想，哪个孩子，喜欢被人总是否定啊？你这样说，孩子不开心，哪还会有心情按照你所说去做啊！"

听我这样讲，表妹长长地叹了一口气说："唉！姐，这教育孩子还真是一门学问呢，你这方面在行，以后有空时，多指点一下我。"

我笑着点头，为表妹要学习怎么教育孩子开心。并且深信，表妹今后在掌握了科学的教育方法后，女儿小黎肯定就会变得听话多了。

感悟点滴

再怎么优秀的孩子，如果父母对他一味地采取否定的态度，那么孩子就会变得越来越糟糕。表现再怎么差的孩子，若是父母多看孩子的优点，持肯定的态度，那么孩子就会越来越优秀。

所以，父母要有意识地把眼光放在孩子的优点上，多肯定、赞赏，少否定、批评，这样孩子不但快乐，而且显得听话、乖巧。

周末的一天，同事王梅带着女儿小艳到我家来玩。我拿出一袋开心果放到桌子上，给大家吃。王梅嘴里吃着开心果，见小艳一边吃一边扭动着身子，就指着女儿对我说："小艳刚在幼儿园学了舞蹈，跳得还不错呢。"

"小艳，给我们跳舞看，好吗？"我就势说。

自幼表演欲望强烈的小艳，点了一下头，便收拾桌子，准备"登台"表演。她拿起那袋开心果，打算把它放到另外一个比较高的桌子上。结果由于矮小，胳膊刚好伸到，就把袋子放在了桌边上。

她刚转身要走，袋子就掉在了地上，开心果撒了一地。

"小艳，赶快把开心果捡起来。"王梅坐在沙发上指使女儿。

"我不会捡，你捡吧。"小艳头也不抬地说，继续挪动着小桌子上的物品。

王梅见女儿不动身，起身要去拾，我拉了拉她胳膊，用眼神示意她不要动。接着，我起身拍了拍小艳的肩膀说："开心果是小艳弄撒的，阿姨相信小艳能够把它捡起来，对吗？"

小艳抬头看了我一眼，停下手上的动作，沉默了一小会儿，转身去捡地上的开心果。

"来，阿姨和小艳一起捡，好不好？"为了进一步鼓励小艳，我也走上前去，与她一起蹲在地上捡。

小艳见我帮助她，加快了速度，暗地里与我比赛谁捡得更快。不大一会儿，撒在地上的开心果就被我们俩全部捡起来了。

王梅走到我身边，附在我耳边悄悄说："李老师，真有你的，小艳在家里弄倒、弄洒东西，不管我怎么叫，从来没有收拾过。今天你只说了一句鼓励的话，她就乖乖地照做了，真是难得啊！"

听王梅这样说，虽然我嘴上回答着没有什么，但心里还是比较得意。我劝王梅以后多激励孩子，她笑着点头说一定会向我学习。

感悟点滴

　　现在的孩子，都是人小鬼大，父母指使他（她）做事情，很多时候不是做不好，而是懒得动手做，还找各种借口推托。

　　出现这种情况，责任不全在孩子身上，父母教育孩子的方式可能不太妥当，要求孩子去做什么，不如对孩子进行肯定、鼓励。孩子听到鼓励、夸赞的话，心理需要得到满足，心情愉快，才会主动积极地去做。

三、善于发现孩子的进步并及时表扬

　　小雪小时候，不知道什么原因，体质和同龄孩子相比，明显差了很多。我和爱人为了提高女儿的身体素质，空闲时，便带着小雪去跑步、健身，进行训练。尤其是跑步，是每天必不可少的运动。

　　可是，由于小雪体质实在太弱，这样练习了一段时间，她与别的孩子在体质上还是相差很多。

　　记得有一次，小雪与同龄孩子比赛跑步，她累得气喘吁吁，结果被落下很远。小雪因此有些自卑，她说锻炼也没用，第二天我喊她去跑步，说什么也不动弹。

　　我和爱人没有为此批评女儿，想到女儿说锻炼无效的话，我灵机一动，有了一个好办法。我拿起手机，找到秒表给小雪看后说："闺女，以后无论是爸爸陪你锻炼身体，还是妈妈陪着你跑步，咱们都带着秒表，每次锻炼后，都来测试一下你跑步的速度，只要每天都有进步，咱们就继续锻炼，这样你跑步的速度有一天就一定能超过同龄孩子。"

小雪虽然人小，但好胜心强，她渴望胜利，所以又站起身，跟着我出了门，接着锻炼身体。

我按照自己所说，每天锻炼完，都让小雪再跑一百米，测试所用的时间，看她的速度是否增加了。

基本上，女儿每天跑步都会比前一天快一点，这时候我就会对她说："你看，今天比昨天快了 1 秒，进步不少，值得表扬！来，妈妈亲一个。"

每当听了这话，小雪都乐得眉开眼笑，凑到我面前，闭着眼让我亲。

开始的时候，总是我到点叫女儿起床去锻炼，后来，小雪是听到闹钟响就起床叫我。甚至有时候，我偶尔犯懒，小雪也会把我硬拉起来锻炼。

就这样，天长日久，在我不断地表扬下，小雪喜欢上了锻炼身体，体质也一天天地增强。

感悟点滴

孩子若是在某方面天生不佳，父母却有意无意地流露出嫌弃的神情，并经常责备，那么孩子很可能就会一直差下去。

如果发现孩子有这样的情况，父母应该有意识地对孩子进行引导、帮助他提高，还要看到孩子的进步及时表扬。孩子在赞扬声中，才会变得越来越强。否则，无视孩子的进步，不但会使孩子心里难受，而且还会阻碍孩子的前进。

一天放学，我推着车子走到大门口，看门的大爷走到我面前说："李老师，你有一封信。"我有些诧异地接过信，因为像这种纸质的信件，我已经很长时间没有收到。我猜测着这封信是谁所写，回家后急忙打开看内容——

尊敬的李老师：

我叫杨梅，上次你来我们学校办讲座时，我就在下面，一直认真地听，不仅觉得你讲得好，还感觉你是那样可亲可敬，特别理解我们小孩子。在不自觉中，我有什么心里话，就想对您说。我便根据您留下的地址，写了这封信。

我是初三的一名学生，成绩还算不错，并且稳步上升。上学期期末考试，我从中上等的成绩，一下子进了班里前十名。可是现在，期中考试成绩刚下来，我却考得不理想，这不是我不努力导致，而是妈妈不赏识的原因。

我的父母都是农民，我知道他们干活辛苦，所以努力学习，想考个好成绩，让父母高兴。但每次，我兴高采烈地拿着试卷对妈妈说："快看，这次我比上次考得好！老师还夸奖我进步快呢。"

"这算什么啊，能进前五名才叫好呢。"每一次，妈妈都是类似这样的话。妈妈无视我的进步，我学习的积极性受到了很大的打击。慢慢地，我对学习的兴趣逐渐降低，学习成绩也因此有所退步了。

其实，我不想被妈妈的话左右，也想一心用功学习，但总是有心无力。我想，可能我真的很在乎妈妈的表扬，她的夸赞，是我学习的动力。但是，我一直想不通，为什么得到妈妈的一句赞扬就那么难呢？

我好渴望，在我进步时，妈妈能给我一些表扬。我觉得，如果妈妈这样做，我还真有信心进入前五名！

看完这封信，我当即按照杨梅给我留的地址，给她的妈妈写了一封信。信中，我给她讲了在发现孩子进步后，及时给予表扬的重要性，为了让她了解孩子的心声，我还把杨梅给我写的信件，一并寄了去。

我希望这封信，能够使杨梅的妈妈有所改变，进而促使孩子获得更好的成绩。

感悟点滴

每个人都想听到夸奖，孩子更希望多听到表扬。

父母要做教育孩子的有心人，常留意孩子的进步，并不失时机地进行表扬，这样能够提高孩子的信心，增加孩子的勇气，从而使孩子不断地获得进步。

　　张艳是我的邻居，她是个医生，我们两个人很投缘，没事时，便在一起聊天。

　　一天晚上，吃过饭没事，我便到张艳家去串门。她把我让进屋里，沏上茶便和我坐在沙发上聊天。

　　当时，张艳四岁的儿子小帅正在画画。他画好后，乐颠颠地拿给妈妈看："妈妈，苹果。"

　　"儿子，你这画得哪叫苹果啊，简直就是四不像。"小帅本来正昂着头，期望着得到妈妈的表扬，没有想到竟受到嘲笑。他羞愧地满脸通红，伸手迅速地从妈妈手中夺过画，就要撕掉。

　　我看见了，急忙说："小帅，把你的画给阿姨看看。"

　　"不让你看，妈妈说我画得不好，我以后再也不画画了！"小帅把手藏在背后。

　　"别听你妈妈的，她不懂绘画，所以讲得不一定正确。阿姨以前学过绘画，知道画的是好是坏，让阿姨看一眼，如果真的不好，你再撕掉，行吗？"

　　在我如此劝说下，小帅才极不情愿地把画递给我，双眼盯着我的脸，看样子十分紧张。

　　我接过画仔细看，见小帅画的真如他妈妈所说，有点四不像，小帅说是苹果，模样又有点像桃。虽然不像，但看笔势，应该不是小帅第一次画了。

　　因此我问他："小帅，你以前画过苹果吗？"

　　"画过，我给你拿去。"小帅说完，跑向自己的小屋，拿了两张画递给我。

　　我对比着看了一下，发现这第三次画的，虽然还不像，但有了弧度，而且也比前两次圆很多。于是，我指着刚画的那个苹果说："小帅，你看，这个圆形，是不是与真苹果很像啊？你再对比一下，这次的画，是不是比那两张要好啊？"

　　小帅仔细看了看这三张画，拿起新画的画："阿姨，是啊，这张画的最好。"

　　"这就对了，你进步很快，只要你多观察，坚持画，下次会画得更好！将来说不定能当个画家呢。"

　　小帅听后，笑着说："阿姨，那我以后还坚持画画。"接着，她面向妈妈，得意地说："妈妈，你听到了吧？"脸上流露出得意的神情。

张艳急忙附和着说："你李阿姨是个教育家，也懂得绘画，妈妈不懂，刚才是瞎说的。妈妈盼着儿子你早日成为一个大画家呢。"小帅更加开心了，眼睛都乐得眯成了一条缝。

感悟点滴

> 不管谁做事情，都有一个过程，由最初的差逐渐到好。孩子学任何事，也是如此。父母不能在孩子开始刚学习时，就拿它与那些标准去比较，责怪孩子做得不好，甚至因此嘲笑，如此做，孩子不但会变得自卑，还会丢掉继续做下去的勇气，甚至一辈子都不愿意再拾起。
>
> 父母应该学着纵向看孩子，只有如此才比较容易发现孩子的进步。只要孩子有进步，不管与标准还差多远，父母都应该夸赞。孩子在赞扬声中，才会继续下去，甚至将来能在这一领域里出人头地。

四、给孩子贴上积极的标签

我的女儿小雪，从小特别爱哭，被我和爱人批评了，和伙伴玩时闹了矛盾，或者不小心摔了一跤……都会伤心地哭很长时间。

我希望小雪变得坚强一些，但用了很多办法，都没有什么成效。

有一天，我到书店，想买几本有关心理学方面的书籍。就在那里翻看、选择，无意间，我读到一个名叫"积极标签"效应的心理学故事。

故事讲的是二战期间，由于美国兵力严重缺乏，当时的领导人就用了一个不得已的办法，把监狱中服刑的犯人放出来充军。

这些曾犯罪的人，以前德行不好，再加上常年待在监狱里，都是一些不良行为的人，在这样的环境下，可想而知这些犯人身上存在着多少问题。他们说话粗鲁、行为散漫，有着许多不良的习惯，根本没法指挥。

万般无奈之下，军官请来了一位知名的心理学家，希望他能尽快改变这些人不好的言行举止。

这位心理学家到了战场之后，找每个人亲切地交谈，并询问他们家人的情况。接着，便让这些犯人每周给家人写一封信，信的内容由心理学家拟定写好，主要介绍自己在部队里如何遵守纪律、勇于战斗、团结互助等类似的好行为，然后让每个犯人照抄一遍，寄回家中。

就这样，几个月很快过去，这些犯人的言行举止有了惊人的变化，他们每个人，都越来越像信中所描述的那样，后来竟然和正规军几乎没有什么两样。

后来，这位心理学家就把这种现象命名为"标签效应"。

看了这个故事之后，我很受启发，想试一下这招在女儿身上是否管用。从那天起，在生活中，我有意给小雪贴上"坚强"的标签，夸她勇敢，不怕疼痛，不畏困难等等。

每当听我这样说，小雪都很开心。

这样做不久后的一天，我带着女儿去小区广场玩，路上我们母女俩比赛谁跑得快，我跑在前面，小雪因为着急要追我，不小心摔了一跤。她趴在地上，刚要张嘴哭，我急忙转回去走到她面前说："小雪是个坚强的孩子，哪能会因为摔了一下，就哭鼻子呢？"

女儿听到这话，一骨碌从地上站了起来，朝我挤眼龇牙做了一个鬼脸说："妈妈，开始比赛了。"说着，先我一步跑在了前面。

我在后面暗自高兴，心想：这"标签效应"真是所言不虚啊！

感悟点滴

孩子都有这样或那样的缺点、毛病，比如爱哭、磨蹭等等，父母见孩子这样，若是采取批评的方式，孩子的不良行为很难快速转变，甚至有时候会起到相反的作用。

父母若想让孩子改掉缺点，最好的办法，就是给孩子贴上积极的标签，天长日久，孩子受到这些标签的暗示，就会按照这些标签的标准去做，从而有效地去除孩子身上存在的问题。

标签的作用，其实不仅在孩子身上有效，成人也会受其影响。

记得有一个冬天，小雪与一些伙伴正在踢毽子，我站在那里感觉脚有点凉，也想加入其中。于是走到孩子们中间说："我小时候踢毽子，比你们可要强多了，现在与你们一起玩，也没有什么问题。来，算我一个。"

小雪听说我毽子踢得好，首先响应说："好，欢迎妈妈参加，我和你一组。"其他两个女孩表示同意，她们俩一组。

接着，我们就开始玩了起来，约定好总共踢满一百下，哪组先踢够哪组胜。

由那两个女孩先踢，她们俩踢的不少，加在一起三十九下。轮到我和女儿时，小雪让我先踢。

我信心满满地拿起毽子，结果可能因为年久生疏，再加上刚踢有些不适应，我只踢了三下，毽子就落在了地上。

第二次轮到我们的时候，我又只踢了七下。当然，这次的比赛，主要因为我踢的少的原因，输了。

小雪见我踢得太少，就朝我嚷嚷："妈妈，我不和你一组了，你踢得太少了，这样每次比赛，我们肯定都会输的。"

我小时候踢毽子，在同龄孩子中间是遥遥领先，虽然很久没有踢过了，现在拿起就踢，也应该不会输给这些孩子。可结果却是这样。我不服输，央求女儿再给我一次机会，并保证肯定会比上次踢得多很多。

小雪答应了，结果第二次比赛，因为紧张，我踢得又很少。最多一次，才只踢了十下。我和女儿这一组，不可避免地又输了。

这次，小雪真不干了，非要把我换出去。另外两个小女孩，见我踢得实在太少了，也不愿意和我一组。最终，我只得放弃了参与的权利。

看着这些孩子玩完后，为了证实一下自己是不是真踢得不行，我就独自拿着毽子踢了一次，结果一下子踢了三十九下。接着又踢第二次，竟然踢到了五十下。

感悟点滴

> 　　这件事情，给我留下了深刻的印象，由此，我联想到教育孩子，突然间意识到：很多时候，好孩子之所以会变成问题孩子，是因为他一次犯错，父母就给孩子扣上了"有问题"的帽子。最终，孩子便真的有了问题。
>
> 　　事实上，所谓的"问题"孩子，有可能并不是自身真的有问题，或许是父母给孩子加上这样的"负"标签导致。

这样的事，我还真见过。

有一个周末，我到郊区的一所小学开展讲座，内容讲的是《如何调动孩子学习、做事的积极性》，有许多孩子听讲，还有部分家长参加。

在讲的过程中，为了调动孩子们思维，我让学生们都说说自己的优点，讲讲自己的理想。

很多孩子，都踊跃发言，一些父母，也谈了自己的看法。唯有一个小女孩，坐在板凳上一动不动，弓着腰，耷拉着脑袋，偶尔抬头，也是一闪就低了下去。

凭我的教学经验，这个女孩肯定比较自卑。为了引导她，我特地走过去说："这位学生，你叫什么名字，能不能给老师讲讲自己的优点？或者谈一谈理想也行。"

小女孩抬头茫然地看了我一眼，小声说："老师，我叫小芬，我的成绩不好，父母说我生来就是个大笨蛋。我也觉得自己身上没有什么优点，将来能干什么，我也不知道，也没有理想。"

女孩的话，让我的心好像被人使劲揪了一下，看着又低下头一直安静地坐在那里的小女孩，我觉得自己有义务帮助她一下。

于是，我转脸面向其他学生说："孩子们，你们看，小芬一直安静地坐着，不打扰我讲课，也不妨碍你们的发言，她是不是遵守纪律的孩子？"

"是。"孩子们异口同声地回答。

这时候，我回头看小芬，或许因为从来没听人这样夸奖过自己，她十分高兴，眼睛也显得异常的亮。

我知道，自己以及其他孩子们的话，对小芬起了作用，为了进一步强化她的自信，我随后又说："小芬，你听到了吧，刚才其他孩子都说你遵守纪律。其实，何止是遵守纪律啊，你身上还有许多许多的优点，你将来，肯定有不小的成就。"

"老师，你说的是真的？"

我郑重地点头，小芬这才神秘地对我说："老师，我有理想，以后想当老师，像您一样教书育人。"

我笑着抚摸了一下小芬的头，朝她笑着说："我相信，只要你努力，理想一定能够实现。"

小芬听我这样说，眼睛变得更亮了，身体也坐直了，头也抬了起来，与刚才判若两人。

感悟点滴

父母在教育孩子的过程中，不要因为他（她）一次没有考好，或者做错了一件事情，就骂孩子是笨蛋，或者把孩子说得一无是处。这样在不自觉中给孩子贴上"负"标签，不但导致孩子心情抑郁，今后，他（她）还可能做出与标签类似的行为，变得越来越糟糕。

教育孩子，应该多给孩子贴上积极的标签，让他在赏识里，在良好的亲情关系中，愉快地改掉身上的缺点，主动丢掉不良的行为习惯，这才是最佳的教育方式。

五、学会在别人面前夸奖孩子

一个周日，万里无云，我带着两个孩子去逛公园，在那里恰巧碰见曾找我咨询的一位母亲。

"这两个都是你的孩子吧？"她问。

"这个是小雪，我女儿，今年读初二；这个是我儿子，小宇，上四年级。"我把两个孩子一一介绍给她。

"阿姨好！"小雪和小宇异口同声地说。

"好，真是好孩子，这么懂礼貌！孩子的成绩也不错吧？"

"小雪成绩还不错，每次考试，都能占班里前三名。小宇呢，成绩也可以，进入前十名没问题。"

"啧啧，两个孩子将来肯定会有大出息。成绩好，又知书达理，看，还知道和你亲近。不愧是教育家，把孩子教育得这么好。"这位母亲称赞说。

"两个孩子都比较懂事，也知道学习，让我省了很多心。"我当着别人的面，夸赞两个孩子。

"你儿子现在不像以前那么贪玩了吧？成绩有进步没有？"我想到上次她因为儿子不学习去找我，就问她。

"比以前好些了，但是，成绩还是不怎么理想，也不像你这俩孩子那么懂事。"这位母亲羡慕地看了看小雪和小宇，有点黯然神伤，告辞而去。

我们娘仨便继续往前走，途中，我发现两个孩子显得很开心。尤其是小雪，紧紧地拉着我的胳膊，几次叫了声"妈"，我转头看时，发现她面带笑容，欲言又止。

我便在女儿再次喊我时问："小雪，你想说什么，怎么还不好意思呢？"我轻轻点了一下女儿的鼻子。

"妈妈，你当着那个阿姨的面夸我，女儿很开心。妈妈你放心，我以后会做得比现在更好，让所有人都羡慕你。"小雪说完，有点害羞地低下了头。

"妈妈，我刚才听你夸我，我也很高兴的，我也会像姐姐一样，争取比现在更强。"小宇跑到我前面，倒退走、面对着我说。

我没想到无意间当着别人的面夸赞他们，竟然起了这么大的作用，心里像吃了蜜一样甜。

感悟点滴

孩子都喜欢被夸赞，父母私下里夸奖孩子，他听了会很高兴，若是听到父母在别人面前赞扬自己，孩子则会更加开心。

因为这时候，孩子能体会到父母对自己的认可、肯定，心情会愉快；与此同时，他们也觉得，父母在他人面前赞扬自己，以后别人也会对自己刮目相看，因此更加快乐。

由此可见，父母应该多找机会有意识地当着别人的面夸赞自己的孩子。

父母在别人面前夸孩子，如果孩子不在当面，但却能让他听到，有时候效果会更好，甚至还能帮助孩子纠正缺点呢。

记得有一次，我的一个学生张月的爸爸到学校，说女儿在家里从来不主动学习，成绩因此也比较差。他问我："李老师，你知道怎么才能促使孩子主动学习吗？"

我思考了一会，突然想到了一个好办法，立即对张月的爸爸说："这样，明天我去家访，如果孩子在，你先故意把孩子支到别屋去，咱们单独谈话。在我向你了解孩子的过程中，你当着我的面夸奖张月懂事，尤其是要说平时基本上不用你催促，就能主动写作业、努力学习之类。声音稍微要说大点，此时肯定孩子正躲在一边听，这话就是有意让孩子听到，应该能够促使孩子有所改变。"

张月的爸爸听后，有些不相信地说："李老师，我怎么觉得这样做那么悬呢？会起作用吗？"

"你现在不是没有别的办法了吗？既然是这样，咱们不妨一试，管不管用，现在没看到结果，谁也不知道。"

张月的爸爸无奈之下，答应试一试。

第二天下午放学后，我直接去了张月家，见了她爸爸后，我小声问他张月在哪儿，他指了指旁边一个房间。我便开始问他张月在家的情况，张月的爸爸依计而行，说孩子在家时学习不用催，而且还会做很多事，经常帮助父母干活等等。

我一边点头一边说："我也觉得张月是这样一个懂事的孩子。"

接着，我故意问："张月现在在哪？做什么呢？"

"应该在看书的吧？"她的爸爸配合着说。

"我去看看她？"我一边这样说，一边起身朝张月的小屋走去，离门几步远，我从门缝中就看到张月贴在门边，一见我靠近，快速地朝书桌走去，拿起一本书打开。由此我敢肯定，刚才张月一直在听我和她爸的谈话。

"李老师来啦！"张月故作不知地说。我此行的目的已经达到，因此笑着象征性地问了一些有关张月学习方面的事情，她都说没问题，我便起身告辞。

几天后，张月的爸爸又一次来到学校，兴奋地对我说："李老师，你真神了，此法效果太强了。现在张月大变样，知道主动学习啦。"我听后，笑了。

感悟点滴

孩子想知道自己在父母眼中是什么样，乐意听父母在别人面前称赞自己，哪怕是身上暂时还没有那些优点、长处，要是听父母这样说孩子也高兴。

那么，父母不妨经常在别人面前夸赞自己的孩子，尤其是不当着孩子的面，而又能让他听到，孩子会更加受用。

如果孩子本来就不错，父母实事求是地夸奖，孩子高兴的同时，会做得更好。而若是孩子没有父母夸赞得那么好，他听后就会反省自身的行为，并且努力朝所夸赞的标准靠近，变成优秀的孩子。

　　一般情况下，父母当着别人的面夸赞孩子，应该尽量做到实事求是。像上例那样特殊的情况，父母夸赞的目的是为了改掉孩子的缺点，可以尝试着运用。

　　但是，如果父母是因为虚荣心而在别人面前有意夸大赞扬自己的孩子，有时候不但难以促使孩子进步，还可能会导致孩子也变得虚荣。

　　我的朋友陈飞，不知道出于什么目的，特别喜欢当着别人面，言过其实地夸赞自己的儿子小贺。

　　有一次，我从学校出来时，刚好碰到他们父子，就问陈飞到学校有什么事。

　　"拿儿子的成绩单来了，小贺这次语文考了八十五，数学考了九十，英语最少，也考了八十分呢。"陈飞说着，扬了扬手里的分数单。

　　"小贺的成绩真不错，将来考上重点高中没问题！"我听了，由衷地夸赞说。

　　这时候，无意之间，我注意到小贺的脸变得通红，他抬头看了我一眼，表情显得很不自然，并立即低下了头。不过，当时我没有多想，还以为小贺被父亲夸赞害羞呢。

　　又一次期末考试后，我再次碰见陈飞父子。他像上次一样，主动朝我炫耀说："你知道吗，我儿子小贺，这次又有进步了，语文成绩提高了，考了九十二分，英语也考了九十八分，数学是儿子的强项，这一次达到了九十五分呢。"

　　这时候我再看小贺，不像上次那样低头耷脑，正仰着头准备接受我的赞扬。

　　不过这一次，我已经开始有些怀疑。

　　小贺在我代课的学校读书，虽然不是我教的年级，但这样好的成绩，他的代课老师或者班主任，有意无意间，应该提起，可是我从来都没有听他们说过小贺这个名字。

　　一天放学后，我按捺不住好奇心，找到小贺的班主任问他的成绩。

　　"他啊，在我们班成绩只占一般水平，哪一科考试从来都没有超过八十分。"小贺的班主任这样说。

　　我立即明白了是怎么回事，陈飞为满足自己的虚荣心，不顾事实情况，在别人面前夸儿子的学习优秀。而他的儿子小贺，在父亲的影响下，虚荣心也跟着滋生，时刻想听到别人的赞扬，为此父子俩才夸大其词、弄虚作假。

　　但是，这样做，又有什么意义呢？不仅起不到好的作用，相反还会把孩子带坏。类似这样在别人面前夸赞孩子，父母还是不要做得好。

感悟点滴

> 父母为满足自己的虚荣心，在别人面前大力赞扬自己并不优秀的孩子。孩子听得多了，有可能也会因此变得虚荣，这不但对孩子起不到促进的作用，相反，事实揭穿后，父母和孩子都会丢面子。
>
> 所以，父母当着别人的面赞扬孩子，尽量不要弄虚作假，这样孩子觉得自己被父母器重，心生感激，会对父母更加亲近，也会因此更加勤奋，努力做得更好。

六、赞赏，让孩子变得更优秀

我曾经在一个教育期刊上，看到一个知名的钢琴家，讲述自己从开始不喜欢弹钢琴，到最后怎么坚持直到成功的故事。

那位钢琴家说：我小时候，不怎么喜欢弹钢琴，觉得学它辛苦。但是，父母让学，又不好违抗。

为了达到不学钢琴的目的，我有时候就使坏，故意按错琴键，弄出杂乱无章的声音。但是，不管我怎么弹，每一次弹琴时，妈妈总会站在一边仔细聆听，弹完后还总不忘记夸赞我几句。

见妈妈这样欣赏自己弹琴，我不自觉中转变了弹琴的态度，开始认真学、练。每次弹奏完，还主动去问妈妈好不好听。

事实上，我的妈妈对钢琴知之甚少，而且欣赏水平也有限。

但是，每次她都认真地听我弹琴，在我弹奏完问她是否好听时，妈妈还总是竖起大拇指，赞扬说："弹得真棒，比上次听着更让人陶醉。"

每当听到这话，我就特别高兴。就这样，在妈妈的赞赏中，我不仅一直坚持学习钢琴，而且发现自己还是比较喜欢弹钢琴的，当然弹得也越来越出色，在小学就因为钢琴弹得好出名了。

至今回想起来，我都不知道，妈妈那时候的赞赏、鼓励，怎么能对我起那么大的作用。

这个故事，给我很大的触动。事实上，赏识，确实能让人发挥出最大的潜力。

感悟点滴

> 每个孩子都喜欢被人赞扬，父母的赞赏，能够让没有信心的孩子坚持下去，父母的表扬，可以让孩子一次比一次做得更好。甚至孩子的缺点，父母都可以用赞美的方式去点击，孩子的缺点有可能因父母的赏识而得到有效的纠正。

小雪是个粗心的孩子，生活中总是丢三落四，甚至最心爱的物品，也会在无意间弄没。

记得她刚读初中时，看到其他孩子有手机，就向我申请要部手机。爱人的意见，是不要买，说有了手机会耽误孩子的学习。我呢，想到女儿上学离家不近，有了手机联系起来比较方便，就劝爱人答应。

就这样，我和爱人同意了给女儿买手机，在一个周末，带着她去挑选了一个精巧的有着白色外壳的手机。

小雪十分喜欢，拿着这部手机爱不释手，一会儿听听都有哪些铃声，一会儿又对着物品拍照看清晰度，还给我和爱人拍了一个合影……看着女儿那么高兴，我和爱人也很开心。

欢快的时光总是容易流逝，就在小雪对这部手机的新鲜感还没有消失的时候，有次课间上厕所拿着它玩，一向比较粗心的女儿，在起身时，把手机弄掉在了厕所里。

那天放学回到家，我就发现小雪心情低落。吃过晚饭后，我和爱人坐在沙发上喝水，小雪眼里噙着泪，挨着我坐下说："妈妈，我不小心，今天把手机弄掉厕所里了，对不……"

"你看你，都多大的人了，还那么粗心，怎么能把手机掉到了厕所里呢。你说，不给你买手机吧，你不愿意，给你买了，却是这个结果，真让人生气！"小雪的话还没有说完，爱人就从沙发上霍地一下站起身，用手指着小雪训斥。

"呜呜，呜呜……"小雪本来丢了手机就难过，现在听她爸爸又说这样的话，伤心地大哭了起来。

"还觉得委屈啊？自己把手机掉到厕所里，还哭……"爱人见女儿哭，心里更烦，话说得越来越难听。

我担心爱人和孩子之间起冲突，急忙把他拉到卧室劝说："孩子不小心把手机掉到厕所里，她已经十分自责。你在这时候对她不依不饶，使劲批评，能起什么作用？女儿把手机丢掉的事告诉了我们，说明她对咱们信任。若是女儿丢了手机不说，或者讲是别人拿走了等等，蒙混过去，咱们还不知道一直蒙在鼓里要到何时呢。"

"呵呵，照你这么说，咱们是不是还得称赞女儿呢？"爱人听后"扑哧"一声笑着说。

"不用去特意称赞，我觉得应该给女儿再买一部，她确实需要。"爱人默认了我的建议。

第二天，我便买回了一个同样的手机，和爱人一起把它交到了小雪手里。女儿没有想到我们会这么做，她睁大眼睛，惊奇地看着我们，特别是盯着爸爸多看了一会儿，见他朝自己点头，这才万分感激地接过手机说："谢谢爸爸、妈妈，你们放心，女儿今后一定要改掉粗心的毛病。"

我和爱人都笑着点头说："相信你一定能够说到做到。"

从此后，小雪粗心的毛病确实改掉了，我和爱人不禁偷着乐。因为在以前，我们曾多次提醒、批评女儿太粗心，让她改正，一直都没有成效。

感悟点滴

> 任何一件事情，都有两面性，哪怕孩子做错事的过程中，都有值得肯定的地方。因此，在孩子表现不令人满意的时候，父母不要一味地责怪、批评，这样对帮助孩子改正缺点不利。
>
> 如果父母多从积极的角度去看孩子，哪怕是错事之中，都可能存在值得称赞的地方。父母要尝试着去寻找，这样才能转变对孩子的态度，减少甚至避免批评、责怪孩子。如此做，亲子关系融洽的同时，孩子也会因为感激，主动改正缺点、毛病，越来越优秀。

我有次往老家打电话，与妈妈闲聊中，她说："你听说没有，咱们村李刚家的双胞胎，都考到了名牌大学，一个听说上了北航，一个被西安交大录取。"

"真的啊？"我有些不相信地问。

"是真的，自从这俩孩子考上大学后，有许多父母，还上他们家去讨教，也想把自己的孩子教育好呢。"

"李刚和他老婆，都只是初中毕业生，没有什么知识，他们俩怎么能教育出这么有出息的孩子啊？又会有什么样的教育法宝呢？"我有些不相信地说。

"我开始时，也和你有一样的想法。就是李刚夫妻俩，在别人问时，也说根本没有什么教育法宝，也没有经验可谈，婉言谢绝了所有人。只是，后来经不住个别人的恳请，他才说出了几句看似没有什么作用的话。"

"他说了什么？"我听妈妈这样讲，迫切地问。

"李刚说从孩子小时候，夫妻二人就给他们灌输'我是最棒的'这个信念，并经常夸赞，哪怕在孩子成绩落后于人、表现不好之时，依然这样，很少责骂、批评，仅此而已。"

初听到这话，我有些不置可否，后来仔细品味，还真的觉得这是个教育孩子的巨大法宝。赞赏、激励孩子，让孩子在任何时候，都对自己的能力深信不疑。父母如此做，孩子当然容易走向成功。

　　说心里话，我真没有想到，李刚这对文化不多的夫妇，竟然能找到了激发孩子潜能的秘密，并一如既往地实施。两个孩子的成功，他们俩功不可没。

感悟点滴

　　任何人，都希望得到别人赏识，孩子更是渴望父母的赞扬、认同。

　　作为父母，不要因为孩子表现平平就吝啬赞美，没有你的鼓励，孩子很难取得进步；也不要因为孩子优秀后就不再需要夸奖，没有你的喝彩，孩子的表现有可能就会一落千丈。

　　孩子只有在父母不断地喝彩声中，在一直"我最棒"的暗示里，全身的能量才能被激起，所向披靡。

第四章
与孩子打成一片，共同成长

一、抽时间陪伴孩子

二、做孩子的朋友

三、与孩子分享喜怒哀乐

四、让孩子看到自己的价值

五、激励孩子积极进取

六、旁敲侧击促使孩子改变

七、用暗示法教育孩子

八、俯下身子向孩子学习

一、抽时间陪伴孩子

自从开办青少年心理咨询室之后，每天吃过晚饭，如没有特殊情况，我都会打开电脑，查一下邮箱，看看有没有父母或者孩子遇到难题找我咨询，这几乎成了每天的习惯。

这一天，我像往常一样，吃过晚饭就打开了电脑，看见邮箱中有两封邮件，一封是垃圾信，另一封标题写着《急！急！急！我该如何办？》的邮件。我急忙把这封邮件打开，认真仔细地阅读：

李老师：

真对不起，冒昧打扰你，实在是不得已。

我是一个五岁女孩的妈妈，由于我和爱人平时工作都比较忙，在孩子三岁左右时，把女儿丢给了婆婆照顾。没想到两年后，女儿到了五岁时，本该是活泼、爱玩的时候，她却不像以前那样好说、爱笑了，经常一个人拿着布娃娃发呆，与两年前相比判若两人。

我难过的同时，又很内疚，难道孩子是患上了自闭症吗？我一想到这就害怕，您有什么好办法，能帮助我尽快打开孩子的心扉，让她走出一个人的世界，像别的孩子那样开开心心吗？万分感激！

看完信，我能体会到这位母亲的焦急。从她所描述的孩子情况看，小女孩应该还不是真正患上了自闭症，只是平时缺少父母的陪伴导致。

想到这里，我急忙回了一封信，建议女孩的母亲，尽量不要去工作了，在家里照顾孩子。与此同时，也要让爱人多抽时间，多陪孩子。

此封信发出去半年后，我再次收到这位母亲的来信，标题名改成了《感谢李老师！女儿好了》。不用看内容，我就知道这是个天大的好消息。激动地打开邮件，一个个欣喜的字符跳跃到眼前：

李老师，按照您的建议，我辞去了工作，专门在家里带孩子。爱人也是，尽量多抽时间陪女儿，还经常带着她和小伙伴一起做游戏。逐渐地，女儿慢慢地爱说话、爱笑，像正常孩子一样了。谢谢！

我读到这封信，喜悦之情溢于言表。希望这对夫妻，能够坚持下去，一如既往地多抽时间陪伴孩子。

感悟点滴

孩子小时候，需要父母更多的呵护、陪伴。这对孩子的心理、性格等方面的完善起到十分重要的作用。如果因为种种原因，父母没能抽出时间陪伴孩子，那么将导致亲子关系疏远不说，孩子还容易产生心理方面的问题。

身为父母，尽量挤出更多的时间陪伴孩子吧！为了孩子身心更加健康快乐地成长！

父母要与孩子多待在一起，与此同时，还应该注意相处的质量。

一个星期六的下午，我送走最后一个来咨询的孩子，看时间还早，就带着女儿小雪到朋友王云家串门，聊了一会儿天，看时间将近六点，站起身要走。

"别走了，一起吃晚饭吧，小燕刚才打电话说，这周末补课，一会下课后就回家。小雪和小燕两人很长时间没见面了，让两个孩子交流交流学习心得。"

王云的女儿小燕和小雪一般大，都读初二。只不过是上寄宿学校，没有特殊情况，周六周日才在家。这周末因为补课，周六没有回来。

我听王云这样说，不好意思再推辞，就和她一起准备饭菜，小雪也上前帮忙。一会饭菜就做好了，这时候小燕刚好回来。

"小燕，你还挺有口福，赶得正巧。"我笑着对刚进门的孩子说。

"阿姨，你好！"小燕礼貌地打着招呼，接着放下书包，去厨房找妈妈，看到了小雪。激动地说："啊，小雪，你也来啦。"说着话，接过小雪手中的菜，放到了桌子上。

一切准备齐全，我们四个人坐在桌子前开始吃饭。

小雪和小燕有一段时间没见面了，两个人显得很亲热，自动地坐在一起，还为彼此夹菜，互相问在学校的情况。

"小燕，这个星期考试了吗？考得怎么样，有进步没有？"王云打断两人谈话，问女儿。

"考了，成绩也出来了，不怎么好。"小燕不高兴地回答。

"你是不是没用心学习呀？"

"哪里有啊，妈妈，你成天净瞎猜。"小燕有些不悦了。

"小燕啊，你应该向小雪学习，她的成绩，可是在班里从没下过前三名。"王云没有觉察到女儿神情的变化，还在不停地说。

她的话音还没完全落下，小燕就"霍"地一下子站起身，使劲把筷子放在桌子上，气呼呼地跑向了自己的房间，"砰"的一声关上了门。

王云突然看到女儿这样，一下子傻眼了，抬头看了女儿的房间一眼，难过地对我说："你说我这闺女，成绩不好吧，还不让人说！"

"不要只一味地责怪孩子，她刚从学校回到家，你就这样数落，换作你我，也会不开心。本来，孩子上寄宿学校，你和她相处的时间就不多，不能一看见孩子，就批评、指责，应该提高和孩子相处的质量，使她感受到温暖，这样孩子快乐，还能增加亲情，教育孩子才能收到良好的效果。"

王云听了我这番话，仔细思考了一会儿说："你说得对，我以后与女儿在一起时，一定注意这方面的问题。"

我点了点头，希望她能尽快改变自己，提高和孩子在一起相处的质量，建立起良好的亲子关系。

感悟点滴

　　生活中有许多父母，好不容易抽出时间陪伴孩子，却把它演变成了监督，或者对孩子进行盘问、责备。这样很容易引起孩子的反感，让亲子关系疏远。

　　孩子的成长过程，应该伴随着快乐。父母陪伴孩子，主要目的之一就是为了使孩子更加开心，这样亲子关系和谐了，教育起来才会更加容易，效果更为显著。

二、做孩子的朋友

周末的一天，吃过早饭后，我就离开了家，要去咨询室。走到楼下，碰到小区的一个熟人陈荔。

彼此打了声招呼后，我正准备告辞。陈荔知道我要去咨询室，拉了一下我的胳膊说："李老师，你先别忙，我近水楼台先得月，也向你咨询一下教育孩子的问题。"

"好啊，说吧。"

"李老师，我发现现在的孩子很难教育。往往会当着父母的面一套，背地里又一套，阳奉阴违，让人防不胜防。"

"呵呵，有你说的这么严重吗？"听她这么说，我觉得太夸张了，笑着问。

"你别不信，就拿我女儿来说吧，当着我的面，什么都按照我说的去做。但背地里又是一套，任何事都同我对着干，真是没法管教了，我算是黔驴技穷了！"

"哈哈，给我举个例子，什么样的孩子，能会让你黔驴技穷啊？"我被她的话逗得合不拢嘴，想了解得更加具体。

陈荔接着给我举了下面的例子：

一天下午，女儿放学后，我要出去买菜，就吩咐她写作业，并叮嘱女儿一定不能开电脑。女儿连连点头，嘴里答应，手里已经摊开了作业本。见她这样听话，我就放心地出去了。

可是，等我买了菜回来，却发现门怎么都打不开，原来是女儿从里面把门反扣上了。我在外面敲了很长时间的门，女儿这才从屋里慌慌张张地走出来。

"怎么把门反锁了？还让我敲半天才开门。"我此时已经怀疑女儿刚才正在做与学习无关的事。

"我做作业呢，没有听见。反锁上门，怕有坏人进来。"女儿回答得倒很流利。我不相信，进屋摸了摸电脑，发现主机箱还热着呢。我就知道女儿刚才不是玩游戏，就是与别人聊天了。

就问她："你玩电脑了？"

"没有。"女儿低着头，趴在桌上装作写作业。

我当时见女儿做了还不承认，恨不得把电脑砸了！

听完陈荔的叙述，我明白了。很可能是因为她对女儿管束过严，孩子想做的事情，父母不许可，只好背地里去做。

类似的情景，可能在很多家庭都发生过。

感悟点滴

> 父母过于严厉，对孩子说一不二，孩子想做什么事不敢张嘴，只好暗地里去操作。这样父母和孩子之间，就像是敌我双方在打仗，弄得父母与孩子之间关系紧张。并且，父母一味采取"堵"的办法，没有效果，还可能泛滥成灾。
>
> 父母应该放下身架，以朋友的态度，了解孩子的心理需要，对一些不良的行为进行心平气和的劝说，讲明其弊端、危害，正确引导。只有像朋友一样对孩子进行疏导，晓之以理，动之以情，才能真正取得效果。

记得儿子小宇四岁左右的时候，有一天，从幼儿园放学回来，想叫我带他出去玩，到厨房看见我正在忙着择菜，就叫爸爸跟他出去。

当时，爱人正在看书，见儿子过去捣乱，就没好气地说："没看爸爸正在看书吗？别去了。"

小宇听后，委屈的泪水要夺眶而出。他伤心地又来到厨房，含着泪看着我。

"儿子，怎么不开心啊？"我无意间看到小宇，见他泪眼蒙眬，把菜放下，蹲下身子拉着他的手问。

"妈妈，我想出去玩，爸爸不带我去，他好坏！"

"原来是这么回事啊，可能你爸爸正忙，现在没时间带你出去。你先自己在家里玩，妈妈赶快做饭，吃过饭后，妈妈带着你出去玩，好不好？"

"好！"小宇高兴地答应着，转身玩去了。

吃过饭，没用小宇叫，我就带着孩子出去玩了。

我们娘俩玩了两个小时才回家，小宇特别开心，一路上和我有说有笑。回到家后，爱人看见小宇如此高兴，主动上前搭讪说："宝贝儿子，玩什么了？这么开心。"

"没玩什么。"小宇脸上的笑容立即凝固了，应付着回答了这一句，然后就跑开了。

爱人有些尴尬地看着我，小声问："咱们儿子这是怎么了，见了我像是仇人似的。"

"你记性怎么还不如一个孩子啊！"我笑着点了一下爱人的脑袋。

"真不记得了，快点说啊，孩子怎么这样对我？"

"吃饭前，儿子叫你陪他出去玩，你不仅没去，还没有一个好态度。儿子刚才和我出去时，还念叨着刚才的事，说你是个坏爸爸。"

爱人一拍脑袋，恍然大悟地说："这事啊，我根本没在意，孩子却记在了心里。"

"以后，你可真的要注意和孩子说话的口气了。再用这种态度以命令的口气对待儿子，他说不定还真不搭理你！"我半开玩笑地说。

爱人急忙点头："今后一定改正！"

感悟点滴

很多父母，常常不自觉中在孩子面前端架子，甚至动不动命令孩子。父母觉得没有什么，可是孩子却把这记在了心里，有意疏远，甚至从此关闭心门。这时候若想教育孩子，会比登天还难。

父母只有把孩子当成朋友，用友好的态度，像朋友般地与孩子交流，这样孩子开心，才会顺从父母的意愿，乐意按照父母指导的方式去做。甚至父母无意间的一句话，孩子都能深记在心里。

记得一个周六的上午，爱人新学了一个菜，叫酱焖鲅鱼。他想露一手，主动请缨，要负责午饭。

我乐得清闲，和两个孩子一起坐在沙发上看电视。

不大一会儿，爱人四个菜都炒好了，其中主打菜，就是酱焖鲅鱼。他端上来后，期待地对我和两个孩子说："尝尝，看看我的手艺怎么样？"

我和小宇都夹起一块放到饭碗里，小雪却看着鱼盘，仔细瞅，好像是在找什么东西。

"小雪，你不吃鱼，看什么啊？"爱人想着让我们品尝后，好夸赞他几句。所以见小雪迟迟没有动筷，有些焦急地问。

"我看鱼头在哪儿，我要吃鱼眼。"

"我做这个酱焖鲅鱼，因为鲅鱼头小，就没要，你上哪里能找到鱼眼睛啊！"爱人有些嗔怪地说。

小雪一听，就像泄气的皮球，叹了一口气，夹起一筷红烧茄子，放进碗里。

"我一直不明白，你怎么就那么喜欢吃鱼眼睛啊？"爱人看女儿没有夹鱼，有些生气地问。

"我当然爱吃啦，妈妈小时候就说过，吃鱼眼睛，眼睛就能变亮。"小雪看着我说。

"妈妈说的话，你就把它当成了圣旨？"爱人吃醋了，如此问，也忘记了问我们鱼味道怎么样。

"当不当圣旨，但妈妈说的话，我就能记住。"小雪吃了一口饭，朝我笑着说。

我听了温暖的同时，自己也没有料到，这句话女儿竟然记得那么清楚。

说实话，"吃鱼眼，眼睛能变亮"这句话，是在女儿三岁左右的时候，有次吃鱼，正好看见鱼眼睛，我便喂女儿吃，并随口说了这一句。

没有想到，小雪却从此把这句话记在了心里，无论到哪里吃鱼，都要找鱼眼吃。我无意间的一句话，"威力"竟然如此大。

难怪爱人吃醋了，他可能强调无数次的事，孩子都不曾记住。但是，他怪不着孩子，只能后悔没有和孩子搞好亲子关系。

感悟点滴

父母把孩子当成朋友，多陪孩子玩耍，经常和孩子打成一片，孩子就会把父母当成朋友、知己。在这种良好的亲子关系下，不管孩子有什么话都会对父母说，而且父母所说的话，孩子也会听进去，记心里。

所以，父母要想办法尽早创造与孩子朋友式的亲情关系，只有在和谐的亲子关系中，教育才会更有成效。

三、与孩子分享喜怒哀乐

我和同学杨明，关系一向很好。他一直把我当哥们儿看，平时有事没事，都会打电话联系，或者见次面，吃顿饭，聊聊天。

有一次，杨明约我吃饭。下班后，我跟爱人说了一声，让他负责做晚饭，便去赴约了。

吃饭时，谈到了孩子的话题，杨明向我抱怨说："唉！现在的孩子，事真多。一会这样，一会那样，不是这事，就是那事，叫人不得安生，真烦哪！要知道这样，不要孩子多好啊，过快乐的二人世界，逍遥自在。"说完这些话，他不自觉地皱紧了眉头。

"呵呵，真有这么烦吗？"我听后，情不自禁地笑着问。

杨明看着我说："看样子，你带孩子是不累啊，有什么好方法？快说说。为什么我带着一个都受折磨，你两个孩子都不觉得费劲？"

"你啊，肯定没有放下父母的身架，与孩子打成一片，不会分享孩子的喜怒哀乐，这样难以走进孩子的内心，当然就体验不到其中无限的乐趣，烦恼也就避免不了了。"

"哈哈，你说得有些深奥了，该怎么走进孩子的内心啊？又怎么去与孩子分享喜怒哀乐啊？"

"全心全意投入进去，你就能体验到了。"我笑着回答。

过了几天，杨明给我打来电话，兴致勃勃地说："你上次讲的办法，还真神了！当我试着放下身架，和孩子平等地谈心、交流，分享彼此的喜怒哀乐，才几天的工夫，我就发现，孩子和我更亲了。而我，也不觉得像以前那么累了。相反，内心时不时还会涌出一丝丝甜蜜。"

"呵呵，上次那顿饭，没有白请吧。"我笑着问杨明。

"哈哈，当然没白请啊，就是再请你吃十次饭，也抵不上你对我的巨大帮助。以后，每次约你出来吃饭，都由我来买单！"杨明开怀大笑，豪爽地说。

"吃饭是小事，最主要的是，能有好方法教育孩子，你一定要坚持下去，不能三天打鱼，两天晒网。"

"这个嘛，不用嘱咐啦，我尝到了甜头，自然会做下去的啦。哈哈！"杨明说完，又放声大笑，见他如此高兴，我也跟着开心。

感悟点滴

一些父母，总觉得照顾和教育孩子，是一件烦心的事。之所以有这样的感觉，最主要的原因，是父母没有与孩子分享喜怒哀乐，没能真正走进孩子的内心。

如果父母放下架子，与孩子一起玩耍，经常谈心，分享彼此的喜怒哀乐，这样孩子开心，与父母的心贴得更近，作为父母，你也会感觉到十分快乐，当然就不会感觉到带孩子累了。

不过，与孩子分享喜怒哀乐，说着容易，真正去做的时候，却并不容易。

记得小雪读大班的时候，有一天下午我去幼儿园接她，发现女儿一脸的不高兴，我看在眼里，想回家后问问发生了什么事。

刚到家，还没等我开口问，小雪哭丧着脸对我说："妈妈，我和小林吵架了。"

我把女儿的书包拿下，拉她坐在沙发上，温和地问："乖女儿，给妈妈说说，是怎么回事？"

"小林坏，他把自己的饭吃完了，又把我的面包拿去吃。我去抢时，他一下子都塞到了嘴里，我就和他吵了起来，以后，我再也不和小林玩了。"

"属于自己的东西被人抢走了，要是妈妈，也会不开心。"我附和着女儿。

小雪有了我的共鸣，脸上露出了笑容："妈妈，你真好！"说着话，把头靠近我撒娇。

我见女儿心情好转，想到她与小林一直比较要好，不能因为这事影响了两个孩子的友谊。因此，我拍了拍女儿的肩膀说："小林今天早上可能是没吃饭，饿坏了，要不然，他也不会把自己的吃完，又拿你的面包。乖女儿，你说是不是啊？"

小雪听我这样说，歪着头，思考了一会儿说："他要是饿，怎么不对我说啊？我们俩这么好，说了我肯定会给他的啊！"

讲到这儿，她停顿了一下，凝眉思考了一会儿，接着自言自语地说："可能小林太饿了吧，没顾上说吧。"说完，看着我，想从我这里证实她的想法，我急忙笑着点头。

"我以后还和小林玩，下次他再饿，我就主动把自己的食物分给他吃。"

听着小雪这话，我觉得她太懂事了，情不自禁地夸奖："这才是妈妈的好女儿啊。"

"你也是小雪的好妈妈啊！"女儿学着我口气说。我听着大笑，小雪也跟着乐。女儿的不愉快，也随之烟消云散。

感悟点滴

　　孩子有了烦恼，或者遇到什么开心的事，首选的诉说对象就是父母，这样做的目的，是为了减少痛苦，增加快乐。如果此时，父母没有耐心听孩子讲，或者流露出不耐烦的表情，本来苦恼的孩子会更加难过。本来愉快的孩子，有可能也因为父母不能与自己分享快乐而变得不开心，这都会影响良好亲子关系的建立。

　　若是父母在孩子与自己诉说苦恼，或者开心的事情时，父母认真听取，切身去体会，就能与孩子产生共鸣，使孩子减少痛苦，增加快乐。而父母，也会在这个过程中，因孩子与自己的心会贴得更近而欢欣。

　　父母与孩子分享喜怒哀乐，探听孩子的真心话，了解孩子心理，从而更有效地引导与教育孩子，这只是和孩子分享的一个方面。

　　与此同时，父母遇到什么事，也应该把它讲给孩子听，这样才算得上真正的分享。有可能父母通过与孩子分享，孩子会变得更加懂事，这事我有亲身体会。

　　记得小雪六岁时，有一次，因为评先进教师的事情，一个同事因为嫉妒，造谣中伤我。为此，我和她吵了一架，心情一直郁郁寡欢。

　　放学回到家之后，我一头扎在床上，怎么想都觉得难受。

　　爱人把小雪和小宇接了回来，见我躺在床上，以为我睡着了，就去书房了。

　　小雪悄悄走进卧室，来到床边，站在床头看着我。我感觉到有动静，睁开眼看到了女儿，因为心烦，就没有说话，随即又把眼睛闭上了。

　　小雪见我与往常异样，以为我生病了，把小手放到我的额头上一会儿，拿下来关切地问："妈妈，你是不是生病了？身体不舒服吗？"

　　"妈妈啊，不是身体不舒服，是心里不舒服。"我拍了拍胸口说。

　　"心里不高兴，可以对我说啊，说出来你就不难受了。"小雪学着我以前的样子讲。

　　说实话，我还真没想过向孩子说这些事情，但听女儿这样讲，我就把当天发生的事情对她讲了一遍。

　　小雪听我说完，像个大人似的，握着我的手说："妈妈，别和你那个同事一般见识，走，我们出去玩会儿，好不好？"

　　女儿毕竟太小，她不知道如何安慰我，想用玩来让我忘记不愉快的事。其实，当女儿问时，我把事情对她说了一遍之后，心情已经轻松多了。

因此，我一骨碌爬起身对小雪说："走，咱们俩玩去。"

我起身拉着小雪走出卧室，并嘱咐爱人做晚饭和照顾好小宇。爱人看出我有心事，爽快地答应着。

我和小雪玩了一会儿，回来之后，就把与同事之间的不愉快抛到了九霄云外。

感悟点滴

许多父母可能认为，与孩子分享喜怒哀乐，只是为了了解孩子，分享的也是孩子的喜怒哀乐。其实，这也应该包括让孩子分享父母的喜怒哀乐，这不但显得平等，而且能够增加孩子的责任心。

所以，父母分享孩子喜怒哀乐的同时，别忘记了，也把自己的喜怒哀乐与孩子分享。孩子因为了解了父母，会变得与父母更加亲近，更为懂事。

四、让孩子看到自己的价值

今年春暖花开的一天下午，我把儿子小宇从学校接回来之后，看天色还早，就带着他一起到公园玩，走累了，坐在路边的长椅上休息。

"妈妈，那也是对母子。"小宇指了隔壁长椅上的娘俩一下，看着我笑着说。

我顺着他的手指看去，离我们不远的长椅上，已经坐着一对母子，小男孩六七岁，他低着头，正在专心致志地玩着手中的拼图。坐在身边的妈妈，侧着头看着儿子。

突然，她伸手从男孩手里拿过拼图说："儿子，你怎么这么笨啊，看着，妈妈给你拼，一小会儿就能拼好。"

她说着话，手里加快了动作，没用几下子，就拼成了一张完整的图形。根本没有注意到当时孩子愤怒的表情。

"儿子，看妈妈拼得多快！"妈妈兴致勃勃地把刚拼好的图递给儿子。

"啪"的一声，男孩把妈妈放在手里的拼图扔在了地上，感觉到这样做还不解气，又上前用脚狠狠地踏了几下，随后生气着跑走了。

妈妈看着儿子这样，一下子愣住了，她看着地上已经看不清模样的拼图，不清楚自己哪里做错了，才惹得儿子如此生气。

但事情容不得这位妈妈多想，见儿子逐渐远去的身影，她尴尬地朝我们这边看了一眼，就急忙去追儿子。

这件事情发生的整个过程，因为离得比较近，我和儿子小宇看得一清二楚，听得明明白白。

小宇等那位妈妈远去后，不解地问我："妈妈，刚才那个小孩，是不是有毛病啊，他无缘无故地生什么气啊？又没有人惹他！"

"呵呵，如果你是那个孩子，有可能也会像他一样生气的！"我笑着这样回答儿子。

小宇听后，困惑地看了看我，皱眉仔细思考了一会儿，忽然拍着手笑着问："妈妈，我知道啦，是不是因为刚才那个男孩正在拼图的时候，他的妈妈夺过去帮他拼好了。男孩觉得自己的价值感被剥夺了，这才生气的？"

我笑着点头说："小宇和妈妈想的一样，我也觉得，这应该是最主要的原因！"

感悟点滴

生活中，有很多父母，像上例中男孩的妈妈一样。看到孩子什么做不好，或者做着费劲，干脆上前包办代替。

父母这样做，可能认为自己在帮助孩子，孩子会高兴。事实上，刚好相反，父母这样做，让孩子看不到自己的价值，肯定会不开心，甚至会对父母心生怨恨。这不但会影响亲子关系的和谐，还阻碍孩子能力的提高，导致孩子自我价值感降低。

而孩子价值感的高低，在他的人生中却起着至关重要的作用，会影响着孩子的情绪、心理以及未来的成功。

孩子价值感高，不但快乐，做事还会态度积极，当然顺理成章地更容易成功。与此相反，如果孩子价值感很低，就容易消极，时常会觉得自己一无是处，既而就会失去做事的动力和勇气，结果往往会一事无成。

作为父母，要有意识地提高孩子的自我价值感，促使孩子在快乐中收获更多。

而提高孩子的自我价值感，其中最重要的一条，就是要多肯定孩子，并注重在孩子小时候，就培养他各方面的能力。

不过，父母在引导的过程中，一定要注意多肯定、少批评。因为孩子小，受到生理、心理、智力等方面条件的限制，做什么事，经常会出差错，很多事情还需要父母重新做。

这时候，父母不能因此命令孩子：不能做这，不能干那，这个你不能动，那个你不能摸等等，这样做的结果，孩子就会变得越来越退缩，当然不利于自我价值感的提高。

父母在教小孩子做事时，一定要耐心引导。

记得儿子小宇三岁多的时候，有一次，吃过晚饭后，我们一家人围着桌子嗑瓜子。过了一会儿，小宇渴了，我端着杯子喂他喝水。

小宇呷了一小口，抬头朝我看了一眼问："妈妈，我自己拿着杯子喝水，行吗？"

"没问题！"我见儿子想学习自己拿水杯，没犹豫就爽快地答应了孩子。把杯子里的水倒掉一些，然后把它递给儿子。抬头无意间与爱人的眼光相遇时，发现爱人正朝我摇头，意思孩子太小，不应该让他现在学习拿杯子。

我朝他笑了笑，没有理会。

"啪"的一声，杯子掉在地上，摔碎了，原来儿子没有拿稳。小宇手足无措地看了我一眼，又去瞅爸爸。

爱人有些幸灾乐祸地看了我一眼，继续悠闲地嗑瓜子，没理会小宇。

我急忙拉了拉小宇的手说："杯子摔坏了没事，等一会儿妈妈教你学会了拿杯子，就不会摔破啦！"

"好！妈妈教我。"小宇回答。我见他不再紧张，这才收拾起碎杯片。

随后，我又拿起一个杯子，里面倒了点温水，教小宇用左手握着杯身，右手拿着杯把，双手托着杯子，慢慢地往嘴边送。

小宇按照我所说，小心翼翼地把杯子送到了嘴边，虽然有些费劲，却成功地喝到了第一口水。接着，他把杯子往下移了移，抬头面向我们，露出了如阳光般灿烂的笑容。

感悟点滴

孩子由于小，初学做事时，很可能会以失败告终。这时，父母切不可对孩子进行训斥，进而阻止，这样容易使孩子失去信心，不愿意再进行尝试。

面对孩子的失败，父母要鼓励孩子再来一次，哪怕接下来，孩子接二连三地失败，父母还是应该鼓励孩子继续做下去，最终孩子一定会掌握正确的方式，成功地学会做事。孩子能力提高了，自我价值感自然就增加了。

当然，提高孩子的自我价值感，不只是让孩子掌握技能这一方面。父母还应该在孩子心理方面下功夫，给孩子心中植入一种"我能"的潜意识，在此积极思维下，孩子遇到什么事，就会努力去做，当然成功的概率就大。

"我能"的潜意识，需要父母用孩子的成功去不断地强化。

我在小雪出生后，就养成了一个良好的习惯，用一个本子，记录下孩子生活中的点滴进步、成功。比如，孩子学会走路了，我会记下来；什么时间会说的话，我也进行收录。随着年龄的长大，女儿绘画、作文比赛获奖等等，甚至于小雪某天提了一个什么好的建议，我都会记录下来。

儿子小宇出生后，我如法炮制，也准备了一个记功簿，专门记下孩子值得自豪的事情。

不仅如此，为了让两个孩子时常记起这些成功，每当孩子生日，或者过节的时候，我都会拿出记功簿，一项项地读给孩子们听。或者让他们自己从头到尾看一遍，重新回忆一下美好的事情，重找一下成功的感觉。

每次这样做后，我发现两个孩子信心百倍，对未来也是充满了美好的憧憬，接着，他们便会全力以赴地学习、做事。"我能"的潜意识，便会激励着孩子一路前进。

除此之外，我知道一个人的价值感，还与是否被需要有一定的关系。一个孩子是否被人需要、看重，会直接影响着他的自我价值感。

如果孩子在任何方面、什么地方都是可有可无，那么，孩子的自我价值感就会低，心情也会因此变得消极。

与此相反，若是孩子觉得别人，特别是最亲近的人需要自己，自我价值感就会增强，心情也会随之快乐。

这是我从自身经历中得到的经验，记得我小时候，父母对我是照顾有加，什么也不让我做，但是我却很难高兴起来。

后来，我帮父亲洗了一次袜子，他夸赞我懂事。我十分高兴地说："爸爸，以后你脱下的袜子，都由我来洗。"

父亲点头答应，以后真的把洗袜子的任务交给了我。结果，我不仅不嫌脏，没有感觉到累，反而很开心，干得还挺起劲。

为此，我在提高两个孩子自我价值感时，也用了此方式，经常向两个孩子示弱，找他们帮忙，让孩子们时刻感觉到我的需要。

结果，运用这些方式，我的两个孩子身心健康，积极向上，一直在快乐地成长，取得了良好的效果，我十分满足。

感悟点滴

父母都希望孩子出类拔萃，成为一个受人瞩目的成功人士，长久地立于不败之地。

父母应该有意识去提高孩子的自我价值感，让孩子看到自己存在的价值。为此，父母应从以下几方面做起：教给孩子生活各方面的技能；有意识地给孩子输入"我能"的潜意识；给孩子被需要的感觉等等。做到了这些，孩子离成功也就不远了。

五、激励孩子积极进取

我读小学五年级的时候，有一次，被老师选中代表学校参加竞赛考试，总共有五名。我紧张地准备着，希望在竞赛中能够获得名次。

可是，就要竞赛考试的前一天，我突然患上了重感冒，根本没法参加竞赛了，老师就临时换了人。

我心里很难受，感冒好像也加重了许多。人蔫了，话少了，动不动还感觉到挺委屈。父母都以为是感冒所致，所以没有太在意。

很快一周时间过去了，我的感冒基本上全好了，可想到竞赛考试没能参加，心情依然沮丧，沉默寡言不说，学习也没有了往日的劲头。每天放学回到家，不像以前那样主动去学习，而是躺在床上想心事。

妈妈觉察出了我的异样，想到了我可能是因为没能参加成竞赛，心里难受。

一天吃过晚饭后，我正要去睡觉，妈妈走到我屋里说："启慧，你怎么啦？这几天看你萎靡不振，是感冒还没有好吗？"

我看了妈妈一眼，没有吭声。

她接着试探着问："是因为没能参加竞赛考试，心情不好？"我轻轻地点了点头，眼圈开始发热。

母亲把我搂在怀里，轻拍着安慰说："女儿，这次没能参加竞赛考试，是因为你感冒了。只要你努力学习，以后有的是机会，竞赛考试才能拿到名次。如果你因为这次竞赛考试没能参加，而心灰意冷，不思学习，那么下次就再也没有参加竞赛的机会，更别说能获得名次了。妈妈相信，只要你从现在乐观起来，开始努力学习，下次竞赛考试，你肯定一样能够中选，而且会考得更好，你说是不是？"

"妈妈，上次我准备了很久，没能参加竞赛，心里才难过的。现在，听你这样说，我心情好多了，放心吧，从明天开始，我还会像往常那样努力学习，做好准备，争取下次参加竞赛的机会。"

妈妈听了，笑着点头。

从此之后，我又像往常那样开心，而且更加努力学习了。我想，要不是母亲的及时开导，我有可能还会一直沉浸在消极情绪里无法自拔，学习成绩也会因此大受影响。

感悟点滴

孩子由于没能参加表演、比赛，或者是别的事情受到了影响，因此情绪消极，就不愿意去做事、学习。

父母平时要多关注孩子的言行，留心孩子的变化，这样才能了解孩子，从而走进孩子的内心，及时帮助孩子解开心结。孩子只有走出了阴霾，才会积极做事，努力进取。

我教育孩子时，善于用榜样引导、激励孩子。

女儿小雪现在特别喜欢读书，这与我的激励有着很大的关系。

记得她五岁时，特别贪玩，每次叫她学写字，都得费一番周折，为此，我和爱人都很头疼。

有一天，我在书房看书，女儿不知道什么时候走了进来，有模有样地在书架前翻阅着。

"妈妈，你看，这叫什么鸡什么舞啊？"小雪拿着一本成语故事书，走到我面前问。

我一看，是讲"闻鸡起舞"的故事，决定从这里下手，激励孩子主动学习。我先告诉女儿字怎么念，又知道她最喜欢听故事，就主动问："小雪，想听听这是个什么故事吗？"

"想啊！妈妈，你快讲吧。"小雪清脆地回答。讲完话，还出去找了一个矮凳子，搬到书房坐在我面前，等待着开始。

　　我便一边看着故事书，一边给女儿讲着祖逖发愤图强、闻鸡起舞的故事。

　　故事讲完后，我故意问："小雪，你看祖逖，听到鸡叫就起床练习武术，挤出睡觉的时间来提高自己，最终才成就了大事，他是不是值得我们学习啊？"

　　小雪点着头说："是的妈妈，我太爱玩了，以后要向祖逖学习，天不亮就起来学写字。认识的字多了，我就能自己读书了，以后我还要写好多本书呢。"

　　"嗯，妈妈相信小雪一定能说到做到。"女儿的话我听了想笑，明知道她根本不可能那么早起，但能从故事中领悟到要抓紧时间学习，已经十分了不起，因此我鼓励她，希望小雪能约束住贪玩的心。

　　退一步来说，即便小雪一时贪玩，我若用闻鸡起舞这个故事提醒她一下，或者讲起祖逖这个人名，相信女儿也会受到警示，收敛起贪玩的心，抓紧时间学习。

　　想到这里，我暗自高兴，希望"闻鸡起舞"这个故事能够激励女儿不断地上进。

感悟点滴

　　孩子如果不爱学习，不喜整洁，或者有拖沓、懒惰等缺点、毛病。父母可以用自身的好行为去影响孩子，还可以用名人的事例去感化孩子，或者，给孩子找一个各方面都比较优秀的同龄孩子作为榜样，鼓励孩子向名人或者榜样看齐，以此促使孩子改掉身上的缺点、毛病，激励孩子不断地取得进步。

　　一个周末，同学王冰带着女儿小玲到我家，小雪喜欢孩子，一见小玲，就把她带到自己卧室玩去了。王冰趁机问我："启慧，小玲学习不太用功，成绩也一直是中等，你看，有没有什么好办法能提高她的成绩？"

　　小玲现在读小学二年级，这时候孩子成绩不很好，若是能给她系统地补习一下课，孩子又乐意学的话，成绩应该能够很快提高。

想到这些，我就把它对王冰讲了一下。

她听后说："你说系统地给孩子补课，这个我完全可以做到，但女儿是否愿意学，这个我还真拿不准。"

"要想让小玲努力学习，也不难。帮助孩子建起理想，树起目标，这些会成为孩子学习的动力，促进她用心学习。"

王冰一听，连连摆手说："给她设目标、树理想，这个我可做不了。我以前还想着让她当个舞蹈家呢，结果却弄得十分糟糕，还是你帮我为女儿设立目标吧。"

我点头答应，把小雪叫到客厅，小玲也跟着走了出来。

我便问她："小玲，你对什么感兴趣，将来想做什么啊？"

她眨巴了几下眼睛，看了妈妈一眼，又转向我说："我喜欢穿漂亮的衣服，以后想做服装。"

"你要想穿漂亮的衣服，光会做服装不成，一定要会设计。你将来就当个时装设计师吧！"

"好，阿姨，我就做服装设计师。"小玲高兴地说。

"要想当服装设计师，就需要从现在开始努力学习，才能一步步达到目标。你觉得自己能做到吗？"

小玲听我这样一问，联想到自己的成绩不好，又不爱学习，不好意思地低下了头，小声地说了一声"能"。

我不知道，小玲当时心里怎么想，也不敢断定这次激励会不会起作用，因为我不是十分了解小玲这个孩子，摸不透她的心理。

后来，王冰给我打电话说："启慧，看样子你的激励起了作用，小玲现在比以前知道学习了，成绩也有所提高了，而且逢人就说'我的理想是将来当个服装设计师'。"

听了王冰这话，见自己的激励起了作用，我情不自禁地笑了。

感悟点滴

目标和理想，兴趣与爱好，是孩子前进的动力，父母要想激励孩子，需要找到孩子的爱好，帮助孩子树立起理想。有了目标，再加上兴趣，就能有效地激励着孩子不断进取。

不过，与此同时，父母还应该帮着孩子把目标细化一下，分成一个个小目标，这样孩子努力一下，就能达到小目标，心里有成功感，才会进一步努力，朝着下一个目标奋进，最终一步步去实现大理想，走向成功。

六、旁敲侧击促使孩子改变

儿子小宇五六岁时，穿脏的衣服，喜欢脱掉随手一扔，有时扔在床上，有时放在靠椅上，甚至会放在地上，我每次洗衣服，都需找一段时间。

为此，我没少批评儿子，让他把脏衣服和袜子分开放到洗手间，但他不知道忘记了，还是根本没有把我的话放在心里，依然我行我素：脱下的衣服随便乱扔，袜子更是满天的飞。

一天吃过晚饭，我准备洗衣服，发现儿子的脏衣服又扔在了他卧室的椅子上，袜子在地上这一只那一只的，我真是气不打一处来，正想批评小宇。可是转念一想，根据以往的经验，要孩子改扔衣服的坏习惯，用强硬的态度不怎么见效，有可能还会引起孩子的反感。

因此，我决定改变战略，另辟蹊径。

我不动声色地把小宇脏衣服拿到洗手间里去洗，然后坐在客厅的沙发上喝水休息。小宇走过来，依偎着我说："妈妈，你给我讲故事好吗？"

"讲故事，好啊！"我听小宇这样问，眼睛一转，灵机一动，决定用故事的人物旁敲侧击地去改变儿子，因此一下子来了精神，爽快地答应了。

小宇最爱听故事了，听我这样说，立即眼睛盯着我，专注地等待着故事的开始。

我就现编了一个名为《兄弟俩》的故事，大概意思是：哥哥八岁，每天脱下的脏衣服，都会主动把它放到洗衣机上面，方便妈妈洗；而弟弟呢，每天换下的脏衣服，却是随手就扔，妈妈每次洗衣服，都要花时间去找。

讲到这里，我问儿子："小宇，故事中的兄弟俩，你喜欢哪一个。"

小宇当时没有意识到自己的行为，也根本没有想到我讲它的用意，只是专心地听故事，听我这样问，当即回答："我当然喜欢那个哥哥啦！妈妈，你也是喜欢那个哥哥吧？"

"妈妈和小宇一样，也觉得那个哥哥比较懂事，不过，弟弟如果能够向哥哥学习，把脱下来的脏衣服主动拿到洗手间去，也一样是个好孩子，对吗？"

小宇听我这样说，轻轻地点了点头，小声地答了一声："是。"看儿子的表情没有刚才亢奋，我觉得他应该是从故事中的人物联想到了自己。

不出我料，两天之后，我发现，小宇悄悄地变了，他虽然还把衣服习惯性地一扔，但稍后像想到什么，又把它捡起，送到了洗手间里。

看到儿子身上可喜的变化，我暗自高兴。

感悟点滴

> 对于孩子的坏习惯，父母如果总是批评、指责，强逼着孩子改变，有可能会引起孩子的反感，即便他明知道那样做不好，有可能也会和父母对着干，甚至坚决不改变。
>
> 父母要纠正孩子的坏习惯，最好采取委婉的方式，比如用讲故事、做游戏等方式，旁敲侧击地去引导孩子，这样在良好的亲子关系下，让孩子从故事、游戏中认识到坏习惯不好，使孩子从内心深处排斥这种行为。那么，孩子身上存在的不良习惯，就容易改变多了。

我二姨家的闺女王芳，也就是我的表姐，前段时间给我打过来电话，无限担忧地说："启慧，我最近一段时间，发现你的外甥浩杰与一名女生走得很近，两人经常在一起，也不知道是不是恋爱了，我十分担心。你说他现在读高二，正在学习的关键时期，真怕孩子谈恋爱了，并因此影响了成绩、前途，可是，我又不敢直接问，怕孩子反感，你说该怎么办才好呢？"

"这样啊，别担心，你把浩杰的手机号告诉我，我帮你核实一下情况，再抛砖引玉旁敲侧击地引导他一下，不会有问题的。"我安慰表姐。

第二天，我算着该放学的时候，给浩杰打了个电话。

他接了电话一听说是我，十分开心。因为浩然从小就喜欢我这个小姨，而且听说我现在是做教育方面的工作，所以很愿意与我聊天、谈心。

我问他现在学习、生活情况，他不但讲了，而且还大谈学校中发生在老师和同学身上的趣事。

我也和他讲所代课学校里发生的事情，并主动朝恋爱这个主题上靠："浩杰，不知道你学校有没有谈恋爱的啊，我发现我们学校不仅有，还不少呢！"

"有啊，我们班就有好几对呢！"浩杰显然对这个话题很感兴趣，兴奋地回答。

"孩子到了青春期，对异性产生好感正常。浩杰，你喜欢什么样的女孩子啊？"我近一步往目标靠近。

"我喜欢长头发的女孩，文静一点的，有气质的！"浩杰对我这个小姨一点都不避讳，言语中掩饰不住喜悦的心情。

我猜他即便是没有谈恋爱，但也有了心仪的对象。于是，我话锋一转，给他讲起了我的一个女同学张悦的故事。

张悦成绩好，那时候，无论是老师，还是她的父母，都觉得张悦能考一个好大学。可是，在读高三的时候，张悦谈起了恋爱，结果成绩一落千丈，高考名落孙山。

浩杰是个聪明的孩子，一听我说这话，立即明白了我的用意，呵呵笑着说："小姨，你放心吧。我虽然有喜欢的女孩，但是却没有想过要现在谈恋爱。我知道高中是关键时期，会抓紧这段时间努力学习，争取考一个好些的学校的。"

听了姨外甥这话，我心里踏实多了。又和他闲聊了一些别的事，就挂掉了电话。

然后，我拨通了表姐的手机号，告诉她谈话内容。表姐开心地大笑着说："太好了，儿子没谈恋爱，还知道现在学习重要，这真是太好了！启慧，谢谢你啦！"

我圆满完成了表姐交给的任务，也跟着高兴。

感悟点滴

正处于青春期的孩子，各方面都想独立，比较容易叛逆，父母直接盘问，很可能导致孩子反感。

这时候，父母可以请别人帮忙，或者自己投石问路，进而讲发生在别人身上的事，旁敲侧击地引导，这样不但能摸清楚孩子的状况，而且还能委婉地进行提醒。在这种和谐的关系中，孩子会注意到自己身上存在的相应问题，并积极地改变，往往会起到良好的效果。

张云，是我在一次同行聚会上认识的一个教育家。在空闲聊天时，她给我讲起改变儿子赖床的办法，她说：

我儿子小东，早上就喜欢赖床，不管怎么催，他总是磨磨蹭蹭，尤其是冬天冷的时候，更是恋热被窝，不要说自己起床了，就是我和爱人去拉他起身，儿子都哼哼唧唧地不愿起，甚至在强逼之下起身后，一旦我们离开，就倒下接着睡。儿子如此赖床，不可避免地多次去学校迟到。为此，我和爱人没少指责、批评儿子，可是效果不佳。

一个周一的早上，我起床开始做饭时，就叫儿子起床，做好饭后，他依然没有动弹。我把早餐端到桌子上，没有像往常那样再去喊儿子快点起床，而是故意对爱人说："我单位有个同事，她儿子特别讨人喜欢，尤其是老师，经常夸赞。"

说完这话，我朝爱人眨了眨眼。他挤了挤眼，不太明白我的意思，但还是不自觉地接了一句："老师为什么夸赞那个孩子啊！"

我朝儿子的房间努了一下嘴，大声说："我听同事说，她儿子每天去学校最早，还主动帮老师拿书本和打扫卫生呢。"

爱人这回明白了我的意图，立即提高声音问："那这个孩子肯定不会赖床吧？"

我也高声回答："当然不会啦，要不然怎么能早到学校呢。听同事讲，她儿子十分懂事，知道起床晚了，上学要是迟到，就会影响老师讲课，并且，自己与父母因此会在老师和同学心里留下不好的印象。所以，这个孩子虽然也恋床，但还是到了时间就起身，一点都不赖床。"

刚说完这话，我就听到儿子卧室里有起床穿衣的声音。很快，儿子就穿戴齐整地走出来，直接去了洗手间刷牙、洗脸，很快就上桌子开始吃饭。

我和爱人看到儿子这样，不约而同地相视而笑。

第二天早上，我再叫儿子起床，没有多费嘴，他立即就起身。吃饭的时候，还对我和爱人说："爸爸、妈妈，我以后再也不赖床了，做一个懂事的孩子，让老师表扬。"

我爱抚地轻轻拍着儿子的肩膀说："妈妈知道，你一定能说到做到。"

此后，儿子确实改进不少，虽然偶尔还赖床，但只要一叫，他就会起身穿衣服，再也不像先前那样，磨蹭好长时间都不起身了。

张云这个有效地改变儿子赖床的好办法，我觉得十分值得借鉴。在不伤孩子自尊的情况下，促使孩子主动去改正缺点。

感悟点滴

孩子的缺点，父母纠正时不能过于直接，这样容易伤害孩子的自尊，当然就不会有理想的效果。

父母应该在保护孩子自尊心的前提下，可采取述说别的孩子好行为的方式，旁敲侧击地引导孩子去做该做的事。与此同时，父母还要及时鼓励、表扬，切忌强逼孩子立刻改变，那样达不到效果，有可能还会适得其反。

七、用暗示法教育孩子

去年周末的一天，正好赶在我和爱人的结婚纪念日。

我虽然没有忘记，但想到可能有父母带着孩子找我咨询，还是很早到了咨询室，开始了我一天的青少年咨询工作。

下午快到五点的时候，爱人带着小雪和小宇去找咨询室找我，当时咨询室没有人。小雪拉着我的胳膊，兴奋地说："妈妈，爸爸为了隆重纪念你们结婚十五周年，吃过午饭就在一家大酒店订下了座席，你收拾一下，咱们赶快去那家酒店吧。"

"妈妈，快点啦！"小宇也催促。

我听着开心地答应了一声，想着可能现在不会再有人来咨询，便动作麻利地穿衣，准备离开。

"李老师，准备回家啦！"就在这时，一个曾经来咨询过的母亲，带着她十多岁的儿子，走进了咨询室。

"过来啦，晚些没事的，请坐！"我让她们母子坐下。爱人带着两个孩子，知趣地走出了咨询室。

小宇临走前，还没忘记叮嘱我一句："妈妈，我们就在外面等你啦！"

我答应了一声好，开始了工作。因为来咨询的孩子问题比较多，而且不太好解决，再加上孩子的母亲说话不很简洁，所以多花费了一些时间。

其间，小宇几次悄悄地走进咨询室，想阻止我们的谈话。我知道他着急，但故意装作没看见，他只好又转身走了出去。

就这样来回几次，小宇见我好像无动于衷。最后一次，他故意抬高脚，使劲落下去，弄出声音。来咨询的母亲听到了，回头看了小宇一眼，转头继续和我聊。

　　小宇见没起作用，张口就要说话。我一直留心着儿子，见他张嘴，担心小宇会说出难听的言语，趁来咨询的母子没注意，急忙朝他摆了一下手，接着又摇了摇头。

　　儿子看见我这些动作，使劲咽了一下唾液，扭转身走了出去。

　　这一次，直到那对母子满意地走出咨询室，小宇才快步走了进来，他急切地对我说："妈妈，快点吧，都要把我急死了，刚才你若不是又摆手、又摇头，我真要把那两个人撵走了，一点都没有眼色。"

　　我听后，笑着回答："好了儿子，别发牢骚了，咱们这就走。"说着话，我起身关门。同时，暗自庆幸自己刚才及时用动作暗示，制止了儿子，否则，小宇说出难听的话，不但显得他不懂事，还会使我陷入尴尬之地，让别人也觉得难堪，就不会有一个完美的结局。

感悟点滴

　　父母预感到孩子要说什么不好的话，或者要有不良的行为，在不便说话的前提下，用手势、动作暗示孩子不要那样去做，能有效避免不良言行的发生。

　　当然，孩子已经做了不对之事，尤其是当着众人，为了维护他的尊严，父母也可以用表情、眼神、动作来暗示孩子，使他收敛起不好的行为，这样给孩子留足了面子，他更愿意纠正错误，改正自己，从而变成一个懂事的孩子。

　　儿子小宇，像多数小男孩那样，活泼、爱玩，见别人玩什么，也吵嚷着要玩，但却是三分钟的热度，很多时候玩一会儿就会放弃。

　　我知道小宇这个缺点，也多次说过他，但始终效果不佳。后来，在儿子学溜冰的过程中，偶然间我发现了一个窍门，促使儿子有了很大的转变。

　　那是小宇六岁时，有一次，我带着他到广场去玩，那里有两个孩子正溜冰，小宇看着觉得好玩，样子又很酷，立即靠近我说："妈妈，我也要学溜冰。"说着话，还上前拉着我的胳膊央求。

孩子要学溜冰我赞成，并且我自己也是比较喜欢溜冰的，只是小时候没有条件，没钱买溜冰鞋，场地也有限才没有学。

当时听儿子说要学，我立即就答应了。那个周末，就带着儿子去买溜冰鞋了，给他买了一双，我也为自己买了一双。

溜冰鞋买回来的当天，我上网查了一下初学溜冰应该注意哪些事项，爱人会溜冰，我又向他请教了一下，接着就带着小宇，要到小区的广场上练习。

爱人不放心，就带着女儿跟着我们一起去。

到了广场，他先扶着儿子，一步步地教他如何走，在儿子掌握了要领之后，他便让小宇自己练习，又过来教我。

小孩子学溜冰，还是比较容易的，并且摔了跟头也不会很疼。小宇玩了一会儿，虽然摔了几个跟头，但已经有了很大的进步，能独自慢慢滑动了，而与此同时，他的老毛病又犯了，脱下溜冰鞋，要让姐姐小雪穿着学。小雪胆小，怕摔，就没有穿。

其实我知道，这是小宇不愿意再继续练习了。

我呢，见儿子这样，也顾不得管他了。在爱人的帮助下，一直不停地在学滑，虽然因为高、大，容易摔倒，而且会摔得比较严重，但我一直咬牙坚持。

就在练习的过程中，我无意间发现，没有人说，儿子又穿上了溜冰鞋，跟在我后面滑起来。一边滑还一边喊："妈妈，加油！"

"儿子，加油！"听到小宇的喊声，我很激动，滑得更加积极了。不是因为儿子的鼓励，而是我发现自己的行为影响了儿子。

因为专注学习，当天，我和儿子都学会了溜冰，虽然还不能快速地滑动，但却比开始学有了很大的起色。尤其是小宇，不仅会直着滑，连怎么拐弯都会了。

我十分高兴，不是因为我和儿子都学会了溜冰，而是在这个过程中，我发现自己的行为能够给儿子很强的暗示。

此后，我便开始有意识地用自身的行为去暗示小宇，发现效果出奇地好，我便经常这样做。

尤其是要去除孩子的恶习，特别是那些说出来有伤孩子面子的事，父母用暗示的方式，不会引起孩子的反感，还能起到警示作用。

我儿子小宇，脚臭，他一脱鞋，满屋子都是脚臭味。我每天要给他把鞋子拿出去晾晒，还督促着儿子勤洗脚。

可能是小宇对自己的脚臭味习惯了，也不知道我让他洗脚的主要原因是脚太臭，因此并不是怎么情愿去洗。

我呢，见儿子不洗脚，想直接告诉他脚太臭，洗一洗，又担心孩子感觉到羞耻，而产生抵触的情绪。

一天晚上，我又叫儿子洗脚，见他没有动弹。我看到坐在沙发上正在喝茶的爱人，忽然灵机一动，大声朝他说："杨凯，听婆婆说，你小时候，脚挺臭的，是吗？"

爱人初听此话，有些困惑地盯着我看，不清楚我为什么突然间讲此话。我急忙朝他挤了一下眼，又朝儿子的房间努了一下嘴，接着低头抬了抬自己的脚。

在我一番提示动作之下，爱人明白了我的意图，立即接过话说："是啊，那时候我的脚有臭味，我可能因为闻习惯了，并不知道，妈妈让我洗脚，我懒惰，也不爱洗。后来，我读初中了，住在学校，发现宿舍的同学经常躲着我。当时，我还不知道是因为什么。最后，一个与我比较要好的同学委婉地对我说，'你的脚有味，别人才不愿意和你接近'。这句话一下子提醒了我，从此，我不但天天洗脚，而且在天好的时候，经常把鞋子拿出去晾晒。这样，脚臭味逐渐减轻，宿舍的同学又主动接近我了。"

"这么说，脚臭的影响还是很大的啊！"我提高了声音。

"可不是吗？不但对自己不利，还会妨碍别人！"爱人也加重声音说。

我料想儿子肯定听到了，便和爱人转移了话题，开始聊别的事情。同时，不动声色地观察着小宇的动静。

不大一会儿，就见儿子走出屋子，脚上穿着凉拖鞋，手里拿着袜子，快步走进了洗手间，随后便听到水哗啦啦的声音。

我和爱人四目相对，哑然失笑。

从此后，小宇不用我叫，开始主动洗脚。偶尔，还会把自己刚脱下的鞋子拿到阳台上晾晒呢。

感悟点滴

孩子身上有缺点、毛病，不方便说，或者说出来会使孩子尴尬，有失颜面，如果父母直言不讳，容易导致孩子产生抵触的情绪，不利于改正缺点。

这时候，父母可以用他人相关的事例，或者用自己的行动，去暗示孩子，这样既维护了孩子自尊心，又能起到应有的作用，父母不妨一试，并学会对孩子进行积极的暗示。

不管是阻止孩子不良的言行，还是想塑造孩子的好行为，父母都可以采取暗示的方式进行教育，通过表情、行动暗示孩子，能够维护孩子的尊严，保全孩子的面子，这样父母和孩子关系和谐，不留痕迹地就使他成为一个优秀的孩子。

八、俯下身子向孩子学习

一个周六的早上，我吃过饭，想到学生王飞成绩差，就去给他补课。

到了王飞家，他的妈妈开了门。一看是我，高兴地说："李老师来啦，快请进。"

"王飞在家吗"我问。

"在呢，正读英语呢，您听！"王飞的妈妈满脸笑容地对我说，脸上流露出心满意足的表情。

我仔细听了一下，发现王飞的发音有许多错误，而他的妈妈，因为缺乏这方面的知识，根本觉察不到，当然也没法及时纠正孩子的发音错误。

看到这种情景，我想到了小学同学王彬，他初中还没有毕业就因为成绩过于差，不得已辍学在家。而他学习成绩差的主要原因，是痴迷小说造成的。

王彬上小学四年级的时候，就开始迷恋上了看小说，什么样的小说都爱看，并且一本小说只要拿在手里，必须看完才能停下来。

很多次，都看到深夜。

王彬的父亲，对孩子的教育不上心。而他的妈妈，虽然上心，但不识字。每次看到儿子抱着书到很晚，心里就高兴，以为儿子是在学习，不仅不阻止，相反还支持。

就这样，王彬看小说成瘾，一点都不想学习。成绩慢慢下降，最后，不得已只好退学了。

感悟点滴

在这里讲这两件事，是想说明父母自身的素质对孩子的重要性。

如果父母知识丰富，学识渊博，孩子在学习中出现的错误，就会及时发现、制止，不至于使孩子一直错下去。当然，有能力帮助孩子纠正错误，就会促使孩子尽快得到提高。

作为父母，应该尽量抽出时间，主动学习一些知识，这样既充实了自己，还能帮助孩子，是一举多得的好事情。

当然，父母学习，不仅局限于书本，还可以俯下身向孩子学习新鲜的科学知识。

同学杨明，虽然是大学毕业，也曾学过电脑，可是后来因为工作与电脑不沾边，有关电脑的一些最基本操作也忘记了。

前段时间，杨明的儿子小洋，在学校里开始上电脑课。小洋就要求爸爸给自己买一台电脑，好回家后练习。

杨明向来支持儿子学习，听小洋这样说，那个周末，便和儿子一起买回了一个台式机。找人装好系统后，电脑就放在了小洋屋里。

自从买了电脑后，杨明就发现，儿子小洋一放学，就躲进自己的小屋里操作电脑。有次他从外面推门，还发现门从里面反扣上了。

看到这种情景，杨明总觉得儿子好像不是在学习电脑，像是利用电脑在打游戏、聊天，甚至是浏览黄色网页等等。

杨明担心了，有一次，他趁儿子不在家，想打开电脑查看一下，竟然发现小洋设置了密码，凭着他的水平，根本就进入不了电脑。

杨明很苦恼，无奈之下，他找到我，说明儿子现在的状况，问自己应该怎么去对待。

我笑着说："很简单，你向孩子请教操作电脑以及上网方面的知识，这样，孩子肯定乐意教你。结果是，你不仅从孩子身上学到了知识，而且还能增加亲近孩子的机会。当然，在这个过程中，你也就会了解孩子平时在网上做什么事情，最终，就能引导孩子健康地用网、上网了。"

杨明听了我的建议，答应回去就开始实施。

一个月后，杨明特地打电话给我，高兴地说："哈哈，我现在的电脑知识，可是得到了大幅度的提高，不但基本的操作知道了，而且上网聊天、发邮件、购买物品、查找资料等等都会了，经常和儿子一起健康地网游，再也不担心他上网学坏了。"

感悟点滴

> 身为父母，并不是样样都会超过孩子。相反，孩子随着年龄的增长，知识变得丰富的同时，技能也在不断地增多，在有些方面会逐渐高于父母。
>
> 这时候，父母就应该俯身向孩子学习，这样才能不断提高自身的素质，更好地去引导孩子，达到共同进步。

当然，父母向孩子学习，不仅是知识、技能，凡是孩子做得比自己强的地方，都应该向孩子学习。

记得我有一段时间，喜欢上了一个电视连续剧。只要到了开始播放的时间，不管多忙，我都会打开电视机观看，甚至把与两个孩子九点半休息的约定都抛在了脑后。

一天，我又在看，小雪无意间瞅见，看了一会儿，也上瘾了，就坐在我旁边，一直看到两集放完。此时，已经将近十点了。

小雪看到这个时间点，有点惊讶地说："妈妈，咱们超过时间啦，赶快休息。"

"啊，是超过了吗？妈妈看着电视，都忘记了时间。"我有意这样说。一是为了掩饰自己没按约定休息，二是想让女儿别学习我这种行为。

第二天，吃过晚饭后，那个电视剧刚开始，我又坐在沙发上聚精会神地观看。小雪因为昨天看过了，也想知道下面的剧情，紧挨着我坐在沙发上，专心地瞅。

第二集还没有放完，我就听到有铃声响起。

"妈妈，到九点半啦，把电视关上，咱们休息吧。"小雪看了看自己的手机说。

"怎么，你定闹铃了？"我有些诧异地问。

"昨天看电视忘记了时间，我想着定上闹钟提醒咱们一下。"小雪说着，起身去洗漱，准备休息。

我眼睛还盯着电视，真想继续看下去，知道个结局。但看着女儿严格履行约定的行为，我强忍着心中的渴望关上了电视。

第三天，我看电视时，女儿又跟着一起看，还是在九点半时定上了闹钟，到了时间，就起身准备休息。我虽然还是像前一天，想继续看下面的内容。但看着女儿坚定的身影，我觉得自己有必要向她学习，毅然起身关上了电视。

第四天，没等女儿的闹钟响，我看手机将要到九点半，已经先起身洗漱去了，向女儿学习严格履行约定的好行为。

最终，那个电视剧，因为我每天九点半休息，而没有看到结局。但是，我一点都不遗憾。

感悟点滴

孩子虽然小，身上也有许多优点、长处，作为父母，不仅应看在眼里，如果觉得自己这方面欠缺，还应该积极主动地向孩子学习。

这样自己才能不断地得到提高、完善，而与孩子的关系，在这种学习中，会进一步增进，从而促进对孩子的教育。

第五章
放手，让孩子成为人生的主角

一、给孩子做事的机会

　　爱人的妹妹杨华，因为住的地方离我家比较远。所以没事的时候，不经常去。一个周六的上午，爱人坐在电脑前随便浏览网页，没有正经事情，两个孩子则蜷缩在沙发上看电视。我抬头看着窗外明媚的阳光，见他们没事，想到很久没去杨华家了，我走到爱人身边说："今个天气好，咱们好久没去你妹妹那儿，带着孩子去看看吧。"

　　两个孩子听见我说这话，围上来说："爸爸，咱们去吧，我想妹妹小枫了。"小宇见姐姐提到妹妹的孩子小枫，也凑过来说："妈妈，我也想小枫了。"

　　见我们都一致要求过去，爱人关上电脑说："好吧，咱们这就去。"

　　我们一家人出了门，开着车用了两个小时，这才到了妹妹家，已经是到中午该做饭时候了。小雪和小宇一进屋，就和妹妹刚满四岁的女儿小枫玩。我和爱人与杨华夫妻俩聊了会儿天，便开始张罗着做饭，准备包大葱猪肉饺子。

　　杨华和面，我便开始择葱，小雪、小宇看见了，过来帮我。小枫也跌跌撞撞跑到我身边，蹲下身子拿起一根葱，学着我们的样子剥了起来。

　　"小枫，别在这里捣乱，上一边玩去。"杨华看见女儿也在那里凑热闹，夺过她手里的葱，一边重新剥，一边呵斥她去玩。

　　小枫没听从，见妈妈把自己的葱夺走，又弯腰拿起一根。杨华又一把夺过来说："小枫啊，妈妈说你怎么就不听呢？现在小，干不了的时候要干，等到大了，能干了的时候，就该犯懒啦。"

　　无故被妈妈数落的小枫，手足无措地站在原地，还想着择葱，但又不敢再去拿。

　　我正准备教小枫如何择葱，就见小雪从地上拿根葱，递给小枫说："来，姐姐教你择，你看姐姐，这样扯着黄叶往后拉，到根部时，再把皮带根一起掐断，这样就行了。"

杨华伸手又想阻拦，我拉了拉她的胳膊，杨华才停下来。

小枫看着小雪，学着她的样子，慢慢地扯着黄叶子往后拉，最后费力地把根掐断。这第二根葱，比第一根择得好多了。

杨华见此情景，有些尴尬地看了看我，小声说："我以为孩子小，学不会呢！"

"你都不给孩子尝试的机会，她能会得了吗？"我也轻声说。

杨华有些尴尬地笑了笑说："你讲得对。"

感悟点滴

孩子在三四岁的时候，随着肢体的生长，手脚开始变得灵活，看到父母做什么，就喜欢模仿着做。

这时候，是教孩子学习做事的关键时期。父母应该抓住孩子学习劳动的最佳机会，耐心地教孩子做事，这不但会使孩子受益终生，父母也会因此变得轻松。

但若是父母因担心孩子小，怕有危险，不敢让孩子做任何事情。这样孩子不但会变得无能，而且天长日久，还会养成好吃懒做的恶习，形成依赖的心理，这对孩子将来的发展十分不利。

去年放暑假的时候，我的发小王淑英，带着女儿小华从西安来到北京参加音乐考试，住在了我家。

小华成绩好，而且人也显得乖巧，但却有一样，让我有点接受不了。

就拿她们初到我家时来说吧，小华两手空空，什么也没拿，她的妈妈后面背着一个大包，装的是她们二人要换洗的衣服、生活用品。而且肩膀上，还斜挎着小华的乐器。

我当时看到这种情景，虽然嘴里没有说什么，心里却有些不舒服，感觉小华不是那么懂事，最起码是不知道心疼妈妈。

再后来，她们在我家住了几天之后，我才赫然发现，小华几乎什么都不去做。比如洗澡的时候，让妈妈替她把水温调好，把要换洗的衣服准备好；我们做饭的时候，她从来不会上前帮忙……

小华不仅不知道去做，而且有些常识性的东西都不清楚。

记得有次正准备吃饭，我突然发现桌上有一道凉拌西红柿没有放糖。我正准备去拿，见小华正在厨房洗手，就喊："小华，把糖拿过来。"

"阿姨，好的。"小华答应着。

不大一会儿，小华就拿着一个盒子过来了。我接过正准备往西红柿盘里放，却赫然发现她拿的是盐而不是糖。

我缩回手，抬头看了小华一眼。她刚好正看着我，有些尴尬。

说实话，我真没有想到，十多岁的大孩子了，竟然还糖、盐不分。但又担心揭穿使孩子难堪，便急中生智，端起西红柿盘子和盐盒子进了厨房。把糖放好后，才把西红柿盘子端到饭桌上。

虽然，我什么也没说，桌上的人谁也没问，但都心知肚明。

小华虽然生活上依赖父母，很多东西不认得，却是个十分聪明的孩子，她看到这个情景，也立即明白了是怎么回事，默默地坐在凳子上，整个吃饭过程，一句话都没说，显得沮丧又有些自卑。

事后，我私下里问淑英："小华是不是真的不认识什么是盐，什么是糖啊？"

"孩子从来都是吃现成的，她还真是不知道。"淑英有些尴尬地说，却没有意识到这种能力缺失的严重性。

为了警醒她，我给淑英讲了自己曾在报纸上看到过一个新近发生的真实事例：

有一个江苏籍的男孩，出生在一个农民家庭。父母对这个孩子期望很大，希望他将来能考上知名的大学，自己面子上也好有光。

为此，他们只要求孩子成绩好，在生活中，什么事情都为他安排好，从来没让儿子做过任何事。

男孩看到父母如此器重自己，也努力学习，结果不负父母所望，以六百多分的好成绩，考取了一个知名的大学。

　　他的父母十分高兴，亲戚朋友也向他们祝贺，说孩子争气，将来会有大出息。

　　就这样，在一片赞扬声中，男孩去读了大学。结果，一学期没有读完，男孩却背着行李回家了。

　　当我讲到这里的时候，淑英好奇地问："为什么啊？是不是男孩犯错被学校开除了？"

　　我摇了摇头，接着往下讲。

　　男孩由于从小没做过事，最起码的生活都不能自理。像脏衣服、鞋袜等自己穿用过的东西，他从来没洗过，不会也不知道洗，脱下来就把它藏在一个角落里，把一个宿舍弄得都没法闻；宿舍一轮到男孩值日，虽然每次他都认真打扫，也尽量把物品摆放整齐。但是，无论男孩如何努力，好像都达不到标准，只要是他值日，宿舍肯定会被评为最差……为此，室友都埋怨他。

　　开始的时候，男孩被室友指责，虽然难堪，但还能忍耐下去。随着时间的延长，男孩弱点暴露的越来越多，他也随之变得自卑，最后实在不堪忍受别人的指点和内心的煎熬，他主动要求退学。

　　直到这时候，男孩的父母才意识到，自己不让儿子做事情，表面上是为了孩子好，但实质上却害了孩子。

　　他们万分后悔，但已经太迟。就这样，一个高才生，因为独立能力差，而辍学在家。

　　淑英听我讲完，频频点头说："我明白了，谢谢你。以后，我会有意识地引导女儿学做事情。"

　　见她扭转了观念，我心里也很高兴。

感悟点滴

　　生活中，不少父母在孩子成长过程中，不让孩子做任何事，唯一的要求就是孩子努力学习，以为只要孩子考上一个好大学，未来的生活就会一片光明。

　　事实上，这样造就出来的"高分低能"，会严重影响孩子未来生活和心理健康，阻碍孩子将来的发展。

　　父母应该在孩子小时候，就引导他们做力所能及的事，这样能提高孩子的独立能力，还会使孩子养成勤劳的好习惯，这些因素，能够更好地帮助孩子走向成功。

二、给孩子选择的权利

　　一天，我去商场，想买一双运动鞋。正在挑选的时候，就听见一位妇女喊："把那双鞋放下来，试试我给你挑选的这一双。"

　　我顺着声音望去，见一个三十来岁的女人，手提着一双黑运动鞋，递给身边一个十岁左右的男孩。而男孩的手中，却拿着一双白运动鞋。

　　他听妈妈这样说，不情愿地把白运动鞋放下，接过妈妈递过来的黑运动鞋，坐下把它穿上。

　　"看看，这双黑色的旅游鞋，穿上又合适又好看。"男孩的妈妈看着儿子脚上的鞋，啧啧称赞。

　　"妈妈，我试试这双白运动鞋。"男孩说着话，要脱掉脚上的鞋。

　　"你怎么就相中了那双白鞋了呢？穿着不耐脏，又不好搭配衣服，把它放回去，咱们就买这双黑运动鞋了。"

　　男孩的妈妈在旁边大声地呵斥，想让儿子把白鞋放回架子上去。

　　此时，男孩脚上的黑运动鞋已经脱掉，他手提着白运动鞋正准备往脚上穿，听妈妈这样说，提着鞋没动弹，用沉默表达着自己对妈妈做决定的不满。

　　"把手中的鞋放回去，快一点，你听见了没有？"妈妈再一次命令儿子。

男孩瞪了妈妈一眼，张嘴想说什么，不过什么也没有说。最终，男孩听从了妈妈的命令，满脸不高兴地把那双白运动鞋放到了鞋架上，然后独自一人快速地离开了鞋店。

"这孩子，人不大，脾气倒不小！真是越来越管不住了。"妈妈见儿子生气地先走了，一边自嘲地说着，一边到柜台去结账，做主买下了那双黑色的运动鞋。

我猜测，男孩的妈妈把黑运动鞋拿回家后，与儿子的冲突，还将会继续下去。

感悟点滴

孩子想穿什么款式的衣服，想拥有什么颜色的鞋子，诸如生活中类似的小事情，如果孩子要求的不是太出格，父母都不应该干涉过多。

因为父母与孩子生长的年代不同，欣赏的眼光也不一样，而且买回去的衣物是孩子穿用，所以父母没有必要代孩子去做决定。并且，让孩子自己做主，孩子才会快乐，自主能力才会增强。

几天前，朋友王云给我打电话，有些苦恼地说："小燕成绩不怎么好，眼看着一年就要中考，我想现在给她请家教补课，可是女儿却不同意，说周末就是休息的时间，不想补课，不同意请家教。为这事，我们娘俩没少争执。你想过给你家小雪请家教吗？"

"我啊，一向不赞成给孩子增加负担，从来没有想过这事。"

"嗨，我都忘记了。你家小雪成绩那么好，考试从来不下前三名，也用不着请家教啊。可是，我女儿成绩不怎么样，若是不请家教，怕她的成绩提高不上去，中考受影响啊。你说，我该怎么办才好呢？"王云说着，声音竟然变得哽咽起来，看样子被是否请家教的事折磨得不轻。

"我劝你啊，还是尊重孩子的选择，别请家教了。"我直截了当地说。

"这哪行啊，中考那么重要，如果因为成绩差没考好，再想复习重考就更麻烦和不划算了。"

"王云啊，你觉得，你执意给小燕请家教，她的成绩就能提高，中考就一定能考好吗？"

"我不敢保证，但请了家教，心里总觉得踏实一些。"

"如果小燕坚决不同意你请，你最好还是尊重孩子的选择。否则，自己做主给孩子请家教，很可能使孩子产生逆反心理，成绩没有进步，反而退步。"

王云听了，沉默了一会儿说："我再考虑一下。"讲完，挂掉了电话。

我不知道王云是不是因为我话说得过于直接而生气，但根据我的经验，如果父母不尊重孩子的选择，强逼着孩子做自己不愿做的事，很多时候，都会适得其反。

感悟点滴

父母不能想当然地要求孩子做什么或者不做什么，孩子的事情，孩子有选择的权利。父母应该尊重孩子的意愿，不能强迫。

如果是孩子必须掌握的东西，父母应该告诉孩子学习它的重要性，并想办法增强孩子对它的兴趣，这样才会有效地提高孩子这方面的水平。

否则，父母自作主张帮孩子做决定，孩子若是不同意，很容易就会产生逆反心理，敌视父母，可想而知会是多么糟糕的结局。

其实，尊重孩子的选择，才是父母明智的选择。

记得我上高二时，老师准备分文理班，我从小比较喜欢小说，想学文科，将来走写作这条路，于是就把这个想法告诉了父亲。

可是，父母却说："孩子，别学文科，学了也没有多大用处，你还是学理科吧，以后用得着。"

我当时听到父亲这么说，虽然没有反驳，但心里却十分难过，真的不想放弃报文科。当时心里还想，明天再和父亲说一下，他若是一定要让我报理科，我也不好好学习。

这样想着，我一夜无眠，躺在床上辗转反侧。

第二天早上，正当我要找父亲说想坚持自己的选择时，父亲却先开了口："孩子，昨天爸爸说的话，只是一个建议，你想学文科，我尊重你的选择。"

刚听到父亲说这话的那一刻，我情不自禁地对着父亲鞠了一躬，与此同时，我还暗下决心，一定要努力学习，将来做出一番成绩。

如今，我成了一名优秀的教师，还是青少年教育方面的专家，成功地为许多父母及孩子解决了众多的问题。父母看到我一步步走过的脚印，以及现今所取得的成绩，虽然没有多说什么，但我能看见，他们为有这样一个女儿自豪的神情。

感悟点滴

孩子的选择，父母可以不赞成，但要尊重。因为那是孩子自己的意愿，孩子既然选择了，肯定会全力以赴地努力去做，往往会有更大的收获。

相反，如果强逼着孩子顺从父母的心意，孩子就会产生抵触的情绪，明着孩子不敢反对，暗地里却有可能与父母作对，很难有好的结局。

所以，在孩子逐渐长大，独立能力随之增强之后，父母应该学着放手，让孩子自己去选择将来的路。

三、多听孩子的意见

一个周日的下午，我的咨询室，迎来了一对母女。母亲三十来岁，女孩四五岁。

年轻的妈妈一进门，就焦虑地对我说："李老师，我发现女儿与同龄孩子有些不一样，不像别的孩子那么活泼，也不知道是什么原因。"说完话，她把女儿往前拉了拉。

眼前的这个小女孩，长得圆脸大眼，头上扎着一个冲天小辫，初看模样很可爱，但细看她的神情，却明显有些木讷。

"孩子，过来，坐在这个凳子上。"我搬过一个小凳子，轻拉着女孩的手说。

女孩怯生生地看了我一眼，没有坐，转脸面向妈妈问："我能坐下吗？"

"坐吧。"在妈妈的同意下，小女孩才小心翼翼地坐了下来，然后就一直低着头。

我从刚才这对母女的对话中，已经看出了些许问题，于是问孩子的妈妈："孩子的事情，是不是都由你决定？基本上不问孩子的意见？"

"是，是呀，您怎么知道？"年轻的妈妈有些吃惊地反问。

我没回答，直接说："孩子对什么都不感兴趣，行为畏缩，主要原因，很可能是你长久独断专行的结果。"

"我真不是想独断专行，是因为我觉得孩子小，担心她做什么碰着、伤着了，就让女儿一切听我的，别乱摸乱动，这样做，我可是为了孩子好啊！"年轻的妈妈听我这样说，既后悔，又叫冤。

"我知道，你本意肯定是好的，但结果孩子却变成了这个样子。"我朝孩子后背努了努嘴说。

"那，我该怎么办，孩子才能变得像同龄孩子那样活泼呢？"年轻的妈妈急切地问。

"以后只要是与孩子有关的事情，鼓励孩子自己去做决定，并尽量采纳孩子的意见。你只有放手，让孩子成为人生的主角，她才能体验到生活的乐趣，变得活泼、开朗。"

年轻的妈妈听后，郑重地点头说："李老师，谢谢你！我一定按照你所说去做。"说完话，拉着女儿，让她和我说再见。小女孩听话地朝我轻声说了句"再见"，跟随妈妈一起离开了。

看着这对母女远去的身影，我希望，这位年轻的妈妈，能把我刚才的话放在心上，用在行动上。我不是担心她不去做，而是怕她因为习惯了安排女儿的生活，在不自觉中还是指使孩子。但愿为了孩子，她能有意识地改变自己。

感悟点滴

> 　　父母在孩子小时候，不管有多充足的理由，都不能事事独断专行。如果总是限制孩子做这干那，叫孩子一切听从自己的安排、指挥，这样天长日久，孩子不但会觉得自己无能，还会失去自信、快乐。
>
> 　　父母应该考虑到孩子切身的感受，多听取孩子的意见，这样孩子觉得自己受到重视，才会快乐，才能身心健康地成长。

　　孩子的事情，父母不能想当然的做决定，最起码在这样做之前，应该征求一下孩子的意见，听听孩子的心声。否则，一意孤行，很可能就会伤害孩子幼小的心灵。

　　记得小时候，我家比较贫穷，父母很少给我们买新衣服。

　　有一次，妈妈去集镇，给我买了一条新裤子，正当我穿着美滋滋地前后左右看呢，姐姐回来了。

　　"妈妈，我的裤子剐破了。"她指着裤腿上一个开口说。

　　"那换条别的裤子吧。"妈妈开始这样回答。

　　姐姐眼睛看着我身上的裤子说："妈，我那条裤子洗了还没有干呢？"

　　"那脱下来，现在我给你缝缝。"妈妈没注意到姐姐的表情。

　　"妈妈，下午我学校有活动，穿着缝补后的裤子，让人笑话啊！"

　　"这样啊，你穿妹妹这条裤子试试，你们俩差不多高，应该合适。你先穿着，过几天我再给你妹妹买。"无奈之下，妈妈这样安排。

　　当时听到这话，我一百个不愿意，但不敢违抗妈妈的指示，只好极不情愿把裤子脱下了。这件事情，我虽然表面上没有异议，心里却很生气，更怨恨姐姐夺去了我的新裤子。

　　下午放学后，姐姐穿着新裤子从学校回来了，得意扬扬地走到我面前，还摆了一个造型。我心里的怒火再也压抑不住了，决定报复姐姐。

晚上，在姐姐睡着时，我摸黑起床，用事先准备好的剪刀，拿起那条新裤子顺着裤脚剪了一个长口子，然后又悄悄地把裤子放在原处。

第二天早晨，姐姐起床穿衣服，发现裤脚开了口，不用猜就知道是我干的，提着裤子哭着去找妈妈告状，说我把她的裤子剪坏了。

妈妈就开始审问我，为了避免惩罚，我一直没有承认，但从我的神情中，妈妈已经猜到了八九分，她十分生气，脱掉鞋，在我屁股上揍了好几下子。

虽然这次挨打了，但我心里却一直不服气，埋怨妈妈不征求我的意见，不理解我的心理。即便现在，每当想起这件事情，我心里还隐隐作痛，觉得妈妈在这件事情上做得不对。

如果当初，妈妈叫我把新裤子让给姐姐时，征求一下我的意见，听听我的心声，我敢肯定，自己绝对不会有后来的破坏行为，也至于到今天想到这件事情还觉得委屈。

感悟点滴

孩子的内心十分复杂，如果父母只看表面，不去探求孩子的心声，就贸然做决定，很可能就会伤到孩子。

这样的结果，不可避免地会影响到亲子关系和谐，与此同时，还可能引发孩子做出更为可怕的行为。

儿子小宇，像多数男孩一样，有英雄情结，不仅平时喜欢舞枪弄棒，还爱看动作片、武侠剧。

有一段时间，每天回到家，第一件事情，就是打开电视，搜索电视频道，看是否有自己爱看的武打片，这个放完，就转另外一个，在各频道中间来往调换，坐那一看最少也得两个小时。

爱人担心儿子这样迷恋电视剧，怕耽误了他的学习。有一次，在儿子又沉迷于武侠剧，连吃饭都端着碗看时，爱人上前把电视关掉了，并明言禁止他今后再看武侠片。

本以为这样做能制止住儿子，但没想到小宇是越压抑剧瘾越大。虽然不会在我和爱人面前看，但只要我们不在家，一准把门反扣上，看个没完。很多次，我都发现了这种情况，女儿小雪也多次向我们告过密，说弟弟现在好像看得更上瘾。

面对这样一个结果，爱人傻眼了，万般无奈之下，他只好找到儿子，口气温和地问："小宇，爸爸呢，不是不让你看电视，只是觉得，你一看就上瘾，忘记了学习，甚至饭都不好好吃，这对身体不好，不是说你一定不能看。"

"是这样啊，爸爸，那让我想一想。"小宇说完话，歪着头思考。

过了一会儿，他抬起头，眼睛盯着爸爸说："这样吧，我平时不看电视了，但是，你在寒、暑假期间，帮我从网上下载成套的武侠电视连续剧和电影，我在假期里看个过瘾，行不行？"

"好！"爱人听后，觉得这是一个好办法，当即答应。

小宇见爸爸答应得如此爽快，眼睛迅速地转了几圈之后说："爸爸，你可要说话算话？"

"大丈夫一言既出，驷马难追，爸爸是言必行，行必果。"爱人说。

小宇听后，立即伸出小手指，和爸爸拉了钩。

从那以后，家里的门，再也没有出现过反扣的现象，这说明儿子没有再偷着看电视。而当着我们的面，小宇更是信守承诺，不再看电视。

感悟点滴

日常生活中，父母若是发现孩子看电视、打游戏过度等类似不良行为，单纯地命令、干涉，有可能导致孩子反感而直接对抗。即便孩子表面不敢违抗，背地有可能也会一如既往，甚至会变本加厉。

但如果父母征询孩子的意见，觉得合适进行采纳，孩子受到了尊重，再加上意见是他所提，就会积极地配合父母。

四、让孩子自由支配时间

我所在的那幢楼中，有户三口之家，年轻的夫妇和他们八岁大的女儿。由于那个小女孩与小宇是同校，又加上都住在一幢楼中，平常上下楼以及接送孩子时，都会碰见。虽然没有深交，但是还算熟悉，见了面彼此都会打招呼。

这对夫妇，四十来岁，算起来，他们两人应该是在三十多岁才有这个孩子，不知道是不是因为年龄比较大的原因，对孩子特别溺爱，他们生怕女儿有什么闪失，除了上学的那段时间，是时刻不离孩子的身边。

我从来没有见那女孩单独出去过，偶尔碰见，肯定是女孩的爸爸或者是妈妈在后面跟着，不管任何时候都是如此。

这个小女孩，天天在父母的眼皮底下生活，没有一点自由时间。

有一次，我去学校接儿子。小宇见我就说："妈妈，我发现咱们楼上的那个姐姐，就是那个姐姐。"小宇说着，朝远处努了一下嘴。

我转移视线去看，发现女孩的妈妈正把她的书包接过去，准备离开。

"她怎么啦？"我知道小宇刚才只是说了半截话。

"今天放学后，我出了教室，往学校门口走，刚巧碰见了这个姐姐，就笑着向她问好。可是，她却没有理我，脸上一点表情没有，好像很不高兴呢。妈妈，她好像没有笑过呢，你发现没有？"

听儿子这样说，我仔细回想了一下，还真是如此，没看到小女孩笑过。不仅如此，她还从来没有和别人主动打过招呼。我曾经和这个小女孩说过话，几乎都是问一句答一句，没有过多的言语，总是一副郁郁寡欢的表情。

我相信，女孩的父母深爱她这是毋庸置疑的，但他们时刻看着孩子的做法，却在无意中剥夺了孩子的快乐，这是父母教育的巨大失败，甚至会给孩子造成一生的悲哀。

感悟点滴

父母时刻把孩子保护在羽翼之下，不给孩子一点自由时间，不敢放手让孩子去做任何事情，天天在后面跟着，这表面看似爱孩子，实则是害了孩子。如此被限制着自由，不管是几岁的儿童，还是进入青春的少年，都会心情抑郁。

一个周六的下午，我们一家人又开始集体打扫卫生，每人都有任务，儿子小宇因为小，辅助姐姐打扫。

"妈妈，姐姐一直在打电话，还不打扫卫生，我不帮她了。"我和爱人都打扫有十来分钟了，小宇跑到我面前告状。

打电话？还打了这么长时间？我想着，给谁打电话要用这么长时间啊，多大的事这么长时间也说完了啊，我甚至开始怀疑女儿谈恋爱了，电话那头是个男生，否则不会打这么长时间的电话。

这样想着，我向小雪的房间走去，到了门口，为了避免探秘之嫌，我喊了声："小雪，在做什么呢？该打扫卫生啦！"讲完之后，见小雪没有出来，我又回去接着打扫卫生，但此时，心思已经不在打扫房间上面了，不时地朝女儿的门口张望。

过了好大一会儿，我才看见小雪从自己屋中走了出来，她径直来到我面前说："妈妈，欣欣太可怜了，她妈妈哪儿也不让她去，也不准同学去看她，刚才给我打电话的时候，一直在哭呢？"

小雪说着，眼圈红了起来，泪水几乎要掉出来。这时候，我对女儿的猜疑才得以解除，但听女儿这样讲，刚放下去的心又随之提了起来，忙问小雪："欣欣的妈妈为什么干涉孩子与同学、朋友在一起呢？"

"欣欣说她妈妈担心她出去学坏了，邀请同学、朋友到家里来呢，又怕新装修的房子和买的家具被弄坏。"

听完女儿的话，我心情异常的沉重，完全能体会到欣欣此时的孤独和无助，难怪她一直伤心地哭泣。

感悟点滴

> 不管孩子多大，父母也不管出于什么样的理由，都不能过于限制他们的自由，不给孩子一点自由支配的时间。否则，孩子不开心，身心健康都会受到影响。
>
> 父母应该给孩子留有一定的时间，让孩子自由支配，并且，在这个时间段，孩子做什么事情，父母尽量不要干涉。

表妹总说女儿小黎不听自己的话，要孩子做什么，都表现得极不情愿，甚至公然对抗，亲子关系不太和谐。

我就此建议表妹多给女儿留一些自由的时间，这样或许能改善彼此之间的关系。

过了几天，表妹打电话说："姐，我按照你所说去做了，可是，我越看越生气，现在与女儿的关系还不如以前呢！"

"你越看什么越生气？"我问。

"我给小黎留出时间了，可是却发现她不干正事，更加让我操心。"

"孩子不干什么正事了？"我又一次追问。

"我发现她不是长时间对着天空发呆，就是在纸上乱涂乱画……总之，是不干一点正事。我批评女儿，她还和我较劲，说这是自己的自由时间，别人管不着。你说气人不气人啊？"

听到这儿，我笑着说："小黎看着天空发呆，有可能在想问题，或者在幻想一个有趣的故事；在纸上乱涂乱画，有可能正是在发挥自己的绘画天赋，将来说不定还能成为一个大画家呢。你说，什么才叫正事？撇开这些都不讲，你给孩子自由的时间，不就是让她随心所欲地做自己想做的事情吗？"

听我这样说完，表妹不吭声了。

感悟点滴

> 　　孩子在自由的时间内，可能会发呆，也许会乱画……父母看到这些情况，没有必要着急，只要不是太出格，没危险的事，父母尽量都不要干涉。
>
> 　　让孩子在自由的时间里做自己想做的事，这样孩子能得到有效的锻炼，不但能力随之提高，自信也会跟着增强，甚至创造方面的潜力，也在此时得到挖掘、发挥。
>
> 　　所以，父母应该给孩子留出自由的时间，而且应该多留！

五、给孩子充足的空间

　　去年暑假，我回了一趟老家，还特地去了姐姐家，在那里住了两天。

　　姐姐的儿子小坤今年读初二，成绩良好，是一个比较让父母省心的孩子。不过，小坤也有令姐姐尴尬的时候，我在那里两天，就碰见了一次。

　　那天，我和姐姐在客厅里闲聊，她见我手腕戴着一个玉镯子，仔细看了看问："妹妹，这玉是真的假的啊？我听人说假玉很多，可是我就是分辨不出来。"

　　"姐姐，我这个当然是真的啊！妹妹还能戴假玉镯子吗？再说了，我能分辨出真玉假玉。"

　　听我能辨别玉的真假，姐姐兴奋地说："妹妹，我给小坤求了一个玉观音，在小坤脖子上戴着呢，我拿过来你看看。"

　　姐姐说着话，转身走向小坤的房间，看门虚掩着，就直接推门走了进去，还没有容她说话，我就听到小坤埋怨的声音："妈妈，说过你多少次啦，进屋先敲门，为什么总是不敲门啊？你好好向我姨学习学习吧！"

"妈妈因为着急，忘记敲门了。"姐姐解释着，见儿子生气了，没敢说让他摘掉自己脖子上的玉坠，就急忙走了出来。

她刚出来，后面随着"砰"的一声，房门被重重地关上了，还听到反扣门的声音。

姐姐回头看了一眼，走到我面前，尴尬地说："儿子大了，就是这个德行，越来越不把老妈放在眼里了。"

我笑了笑问："姐姐，你是不是平时进孩子的房间都不敲门？"

"没有想过要敲孩子的门，不过儿子倒是提过这个要求，可是我和他爸总是忘记，所以儿子特别不高兴。对了，刚才听小坤说，让我向你学习，他怎么知道你进别人房间会敲门啊？"

听到姐姐问，我笑着说："小坤这样说，是有事实根据的。我昨天想找小坤问问他在学校的情况，进屋前先敲了门，问他我是否能进屋。小坤答应着能，还站起身给我开了门。"

"怪不得孩子说这话。你这样做，孩子可是对我们意见更大啦！"姐姐半开玩笑地说。

"我啊，这是习惯使然。"听姐姐这么说，我微笑着回答。

"你在家里，进孩子的屋子，每次真的都敲门，经过允许才进入吗？"姐姐半信半疑地问。

"是啊，自从小雪读初中开始，我就这样做了。你外甥女读初一时，说自己大了，应该拥有一个独立的空间。其实，她早就有独立的空间，自己是单独一个屋。不过，小雪要求的独立空间，是不希望我们随便打扰，要求我们进她房间之前要敲门，经她同意之后才能进入。我觉得女儿说得有道理，就答应了她。不仅答应了，而且坚持那样做。不只是对女儿这样，对儿子小宇也是如此。我和爱人不会不经过允许进孩子的房间，而且进去之后，也从来不乱动孩子的物品。"

姐姐听着，不住地点头。接着我又强调说："答应给孩子独立的空间，就应该落到实处。不仅真的给孩子一个物质空间，还要尽量避免打扰孩子，不干涉他们做事。当然，必须要进去时，一定要记得敲门。否则，还不如不给。"

"你做得真是太好了！但是，要做到这种程度，谈何容易啊？"姐姐感觉这样做很难。

"刚开始你可能觉得别扭，但久而久之，习惯了就好啦！"

姐姐听我这样说，深有感触地说："妹妹，你讲得太对了，习惯成自然。以后啊，我和你姐夫真的要有意识地改变自己了，必须要养成进孩子屋子前先敲门的习惯了。"

我点了点头，赞赏姐姐的态度。

感悟点滴

> 孩子大了，有了独立的意识，想拥有属于自己的一片空间。
>
> 父母不仅要给，而且要真给，使孩子真正拥有。这就需要父母做到，没事不进孩子的房间，有事需进时，要先敲门，经过孩子允许后再进入。进了孩子的房间，也不能乱动孩子的书本、衣物，要想收拾，最好也要征得孩子许可。
>
> 父母这样做，不仅是对孩子的尊重，同时也是兑现父母给孩子独立空间的诺言。只有如此，孩子才能敬重父母，亲子关系才会变得融洽。

昨天，我去同事王梅家，两人靠在沙发上聊天，王梅的女儿小艳正在写作业。

聊了一小会儿，小艳站起身离开了客厅，等她回来时，王梅问："小艳，你刚才做什么去了，是不是看我和你阿姨在聊天，去里屋打游戏了呀？"

"没有！妈妈，你看，你的手机在那呢，我没拿手机，打什么游戏啊？刚才我上厕所了。"小艳委屈地解释。

"没玩就算啦，坐下继续写作业吧。"王梅见自己的手机在茶几上放着呢，她知道自己冤枉了孩子，没有再多说什么，转脸和我接着聊天，还不时地转头去看女儿。

"小艳，干什么啊，又想去哪儿啦？"正说着话，我听到王梅问女儿，下意识地朝小艳看去，发现她刚离开板凳，弓着身子，还没有站直，见妈妈问自己，不悦地说："本子用完啦，我去拿一个。妈妈，你怎么老盯着我啊？就像盯贼似的，真让人难受！"

"别说那么多废话，是真的要拿本子吗？是的话，就快去拿，别左顾右盼地想着玩。"

小艳见妈妈这样说自己，不耐烦地看了她一眼，朝自己的小屋走去。

我趁此机会问王梅："孩子写作业呢，你总盯着她干什么？"

"你不知道，小艳这孩子，如果不看着她写作业，就会偷懒。就是我看着，她也会借机做与学习不相干的事。你刚才也看到了，才多大一会儿呀，她又是上厕所又是拿本子的，一点都不认真学习！"

王梅说得振振有词，我摇了摇头，十分不赞成她这个理由："孩子上厕所，去拿本子继续做作业，这是情理之中的事啊。即便孩子是找借口偷懒，你监督着，孩子站起身就问她做什么，这难道不更耽误时间吗？只能使孩子学习更加不能专心。再说了，你这么紧盯着孩子，不给她一个宽松的空间，刚才你也看到了，会导致孩子反感。孩子与你疏远了，你的教育她能乐意听从吗？"

我的这些话，发自肺腑，王梅听了，认真思考了一会儿，有些不好意思地说："你讲的有一定道理，我以后尝试着不再这样盯着孩子了。过段时间看结果会怎么样，如果孩子还不好好学习，我再找你。"

感悟点滴

孩子虽然小，也需要独立的空间。父母在孩子成长的过程中，应该给予引导、帮助，而不是监督、干涉。

当然，孩子贪玩是事实，做事不能全神贯注也有可能，甚至是学坏有时候也在所难免……但父母不能以此为理由，就对孩子过于限制。不给孩子留有一定的私人空间，很容易造成孩子的逆反心理，其结果不但影响了亲子关系，而且难以达到教育的目的。

六、让孩子自己做主

一个周六的下午，朋友王云给我打来电话，说自己的一个邻居一会儿就要过来，向我咨询有关教育孩子的问题。

不大一会儿，我就看见一位三十多岁的妇女，带着一个十一二岁大的女孩走了进来。

来人自我介绍说是王云的邻居，然后就开门见山地说："李老师，我听很多人讲，你是个出色的教育工作者。今天来呢，就是请您帮助我，解决一下孩子身上存在的问题。"

我正准备开口问孩子都有哪些问题，这位妈妈又絮叨着接着说："我一天到晚心全扑在孩子身上，努力打理她的一切，没想到，这孩子不领情也就罢了，还总是有意无意地和我过不去，身上有说不清的众多问题。"

"就你天天什么事都不让我做主，还把一切都给我安排好，要是我身上没有问题，那才不正常呢。"小女孩听了妈妈的话，没等我开口，就和妈妈针锋相对地争执了起来。

"李老师，您看看，她平时在家里，就是这个样子，我说她一句，她甚至有十句等着反驳我。"女孩的妈妈有些生气了，对我说完，把头扭向了一边，不再看女儿。

"孩子，我刚才听你话的意思，是想自己做主，对吗？"

"是啊，阿姨，可是，我哪里做得了主啊。每当看到别的孩子，什么事都可以自己做决定，也能自己亲自动手做事情，我心里就很羡慕，也想要这样的生活。但是，妈妈却不给我这个自由，总是包揽我的一切，搞得我心里很不舒服，有时候就会顶撞妈妈，甚至故意捣乱。"

女孩的话，旁边的妈妈听得十分清楚，她扭头看了女儿一眼，没有吭声。

我从她默认的态度中，知道女孩所言不虚。

因此，我笑着对女孩的妈妈说："孩子的意思，是想让你放手，让她自己做主。我想，如果你真能这样做的话，你所说的孩子身上存在的问题大多也就迎刃而解了。"

"李老师，你说孩子这么小，我哪能放心让她自己做主呀！让她自己做事，我更是舍不得啊！"女孩的妈妈摊着手说。

"你觉得能陪孩子一辈子吗？"我看她还执迷不悟，直接问。

"不能。"

"那么，你现在早放手，锻炼孩子，今后你不能陪孩子的时候，才能放下心。再说，孩子渴望自己做主，喜欢做事，你放手交给孩子，可以少操许多心，少受很多累，何乐而不为呢？"我劝女孩的妈妈。

女孩很机灵，见我这样说，快步走到妈妈身边拉她的手说："妈妈，教育专家都这么说了，以后你就让我自己做主吧，我一定主动改掉身上的问题，好不好？"

想到我讲得有道理，又看着自己女儿这般说，女孩的妈妈转忧为喜，笑着点头答应。

感悟点滴

父母天天围绕着孩子转悠，处处对孩子管制、约束，自己不但累，而且会使孩子反感。

因为任何生灵，都向往自由，都愿意无拘无束地生活，孩子更是这样。父母不让孩子做主，剥夺了孩子的自由，快乐就会从孩子身上消失。与此同时，父母的包办代劳，还会使孩子丧失很多动手的机会，能力得不到提高，不利于今后的发展。

而如果父母给孩子做主的权利，孩子开心的同时，有可能做得更好。

几天前，课间休息的时候，我们几个老师谈论现在孩子的早恋问题，都摇头说谁碰到这事都会头疼。我的同事张棋听了，却"扑哧"乐出了声。

"张棋，你不觉得孩子早恋是个棘手的问题吗？"

"开始是这么觉得，但若是处理得当，问题就能迎刃而解。"张棋摇头晃脑地说。

"快说说，是不是你孩子早恋了，你轻而易举地就解决了？"

"是啊，没有实践经验，哪敢在这儿张嘴啊！"张棋故意磨蹭。

"好啦，就算我们大家向你学习啦，说吧，再往后拖就该上课啦。"我催促他。

"我啊，我像其他父母一样，担心儿子早恋，害怕他不用心学习，影响了前途。可是，我知道这是人之常情，所以采取的是接纳的态度。当我发现儿子有恋爱的迹象时，我向儿子核实，他不承认。我就对儿子说，自己读书时，比他谈恋爱还早，那时候天天高兴得睡不着觉，使尽了所有讨好女孩的手段等等。儿子听我这样说，就一口气地把谈恋爱的事全部告诉了我。"

说到这里，张棋得意地看了大家一眼，又停了下来，想吊大家的胃口。

"知道了儿子谈恋爱，你采取了什么措施？是不是要儿子和女朋友断绝关系？"一个女老师迫不及待地问。

"孩子的事，我哪能替他做主。再说了，我替儿子做主，他也不听我的呀！我啊，只是告诉儿子，要想使恋爱成功，只有刻苦学习，做个人上之人，才能赢得心上人的芳心，成为终身的伴侣。如果自己不够优秀，就是经过千辛万苦追上的女孩，有可能因为自己的无能而离去。最后，我对儿子说'父亲说这些，只是经验之谈，给你做参考，具体怎么去做，你自己做决定'。儿子听了我这些话，非但没反感，而且还谢我，说自己知道该怎么做了。"

"最后你的儿子怎么样了？"同事王梅问。

"考上了理想的大学。"张棋心满意足地答。

我听后，为张棋的做法叫好，他给孩子讲明利弊，最后让孩子去做决定，达到了预期的良好效果。

感悟点滴

> 孩子到了青春期，会对异性产生朦胧的好感，甚至有的孩子谈上了恋爱，这些都是人之常情，再自然不过的事情。
>
> 作为父母，对此不必大惊小怪，也不要过于干涉，以自己过来人的经验，给孩子提一些可行的建议，最终让孩子自己去拿主意、做决定。这样孩子听着舒服，就会慎重考虑父母的建议，选择一个对自己更有利的方案。

父母让孩子自己做主，必要时，还要给予帮助。

记得女儿小雪八岁那年，周末的一天，微风轻吹，阳光温暖，我和爱人，准备带小雪和小宇去公园玩。爱人根据天气的情况，给小雪找来一身外套。小雪穿上后，照着镜子前后左右看了几遍，又把衣服脱了下来，在衣柜中翻找别的衣服。

爱人看见女儿这样，有些心烦地说："快把外套穿上，不管好看不好看，今天就穿这身衣服。"

"不嘛，我要穿这件漂亮的白裙子。"小雪从衣柜中拿出裙子，说着话，就往身上穿。

"小雪，今天虽然阳光明媚，但还处于春天，不是穿裙子的时候，会冷的。"

"妈妈，我没有感觉到冷，你就让我穿裙子吧。"小雪坚持自己的意见。我和爱人只好同意，但为了避免女儿冷，我把那身外套偷偷地装在了包里。

初去公园，太阳高照，再加上小雪和小宇总是打闹玩耍，女儿穿着裙子确实没觉得冷。可是玩了一天往家走时，太阳已落山，女儿也玩累了，不再跑闹，觉得有些冷，缩着脖子。因为是自己决定要穿裙子，所以冷她也不好意思说出来。

我见路边一个公厕，拉着小雪走了进去，让她把裙子脱下，我从包里拿出外套给她穿上。小雪既诧异又感激看着我说："妈妈，你真好！今天如果不是你给我带了这身衣服，真要把我冻坏了。以后啊，我再决定做什么事时，都会好好参考你和爸爸的意见。"

　　听着女儿这话，我心里十分高兴。女儿因为自己做主，才玩得那么高兴。而我，因为给女儿带了身衣服，不但使她免去了挨冻，而且还让女儿知道了我们意见的重要性，一举两得。

感悟点滴

　　孩子因为小，有时候考虑不那么周全，往往做出的决定有失偏颇。此时，为了孩子高兴，父母可以先不阻挠，但给孩子准备"后手"。让孩子既免除受损的同时，也认识到自己决策的失误。以后，孩子就会充分考虑父母的建议，提高决策能力。

　　总之，孩子小时候，比如穿什么样的衣服，买哪种样式的书包……只要不是太出格，父母应尽量按照孩子的要求去做。

　　孩子再大一些，例如报考什么学校，想学何种专业，将来要从事哪种职业等相对来说大一点的事情，父母可以说出自己的想法，提出自己的建议，但不能替孩子做主，应该让他（她）自己做决定。这样孩子开心，做什么事情也会努力，更容易获得成功。

七、教孩子学会自我管理

　　小时候，父亲对我的期望很高，因此管教比较严。就拿学习来说吧，每天我放学后，只要父亲在家，一般情况下，他都会看着我把作业做完，然后才允许出去玩。

有一次我放学后，发现父亲没在，丢下书包就跑出去玩了。回家时，天已经黑了，妈妈已经做好饭，摆在了桌上，一家人都正在等着我。

看着父亲严肃的面孔，我有些胆怯，心想：坏了，今天玩得太疯了，忘记了回家，肯定会挨骂。

有这种想法，我变得小心翼翼，低着头走进屋，不敢抬头，等待着父母的批评。

"回来啦，快点吃饭吧，要不然就凉了。"看见我，父亲温和地说。

虽然没有挨骂，但我心里却始终放不下，忐忑不安地吃完饭，我准备去自己房间写作业。经过客厅的时候，发现父亲正坐在沙发上抽闷烟。

我轻手轻脚地走过去，坐在离父亲稍远一些的沙发上。

"孩子，来，坐这边。"父亲拍着自己边上沙发说，我只好坐了过去。

"孩子，你玩，爸爸并不反对，但你要知道，自己现在的主要任务是学习，不能一味地玩。以前，爸爸总是看着你写作业，目的只有一个，怕你因为贪玩荒废了学习。现在，你也大了，我相信你能够把学习和玩的时间安排好，以后啊，爸爸放手了，你自己管理自己吧。"

说完这话，父亲抚摸了一下我的头，站起身回卧室休息去了。我独自坐在沙发上，想了很多，知道爸爸看着我学习，是为了我好，这次放手，一样也是为我着想。我一定不辜负父亲的厚望，控制住贪玩的心，管好自己，不让父亲再操心和伤心。

下定了决心，从此后，我放学回到家，主动先做作业，若是做完还有空闲，再出去玩，比父亲以前监督着学习，还更高效。

感悟点滴

孩子随着年龄增长，独立意识增强，都渴望自己做主，受到约束就容易产生逆反心理，往往父母管得越严，孩子有可能越与父母对着干。

与其这样，父母还不如放手，尝试着让孩子自己管理自己，这样孩子既高兴，又能得到锻炼，一举两得。

不过，因为孩子小，经验少，父母放手的同时，也要随时关注、引导。

记得周末的一天，我们全家总动员，一起大扫除。外面的庭院，由小雪负责，屋里客厅的卫生，我交给了小宇。我和爱人则负责把三个卧室、厨房以及卫生间打扫干净。

这次打扫卫生，还是第一次把重大的任务单独交给儿子，由他自己负责。

我有些不放心，在自己打扫卫生的时候，抽空也看看儿子做得怎么样了。

这一看不要紧，我赫然发现，小宇一点都不会安排事情的先后顺序，我发现他先拿抹布擦洗桌子、茶几、沙发，接着扫地，最后拖地。等干完之后，发现擦完的桌子家具上面又落了一层土，他又把桌子、茶几、沙发重新擦洗了一遍。

不仅如此，我发现儿子不会统筹安排时间，就拿收拾客厅来说，儿子同时把电视打开了，但他在看电视的时候，就站在那里看，其实他完全可以在整理房间的时候，同时看着电视，这样就能节省出不少时间。

事后，我把小宇叫到面前说："儿子，做事之前，哪个先，哪个后，要事先安排好，不要重复、做一些无用功；能两件事同时做的话，尽量一起做。"说完之后，我便以儿子刚才打扫卫生为例，为他一一讲解。

小宇根本没有想到过这些，听我说得有道理，竖起大拇指说："妈妈，你真了不起，能这么高效地利用时间，以后啊，我一定会向妈妈看齐。"

儿子说得好像有些油腔滑调，但我知道，他把我的话记在了心。

感悟点滴

孩子需要自由，不喜欢被人约束，那么，父母就要学着放手，让孩子自己去做主。孩子因为有了主人翁的意识，会努力做得更好。

不过，父母放手的同时，也要对孩子多加关注，看到有些不利于孩子进步的因素，要进行引导和帮助，以提高孩子管理自己的水平，这样才能促使他不断进步。

由此，我想到了自己曾经看过的一个专题片。

一次吃罢晚饭，我坐在沙发上，打开电视机，偶然看到一个有关动物的专题片，里面拍摄了许多动物生活的场景。其中，最令我震撼和感动的，是老鹰哺育和调教小鹰的方式。

老鹰筑巢，和一般的鸟不一样，分好几个层。在最底层，老鹰放上荆棘，在第二层，则铺上石子……最上面的一层，覆盖的是一些羽毛、枯草类比较松软的东西，在上面感觉十分舒服。

老鹰给将要孵化的小鹰准备这样一个特殊的巢穴，有着特别的用意。

小鹰刚出生的时候，老鹰会全心全意地照顾着自己的孩子，尽可能找一些好的食物喂小鹰，让孩子吃好的同时，还小心地呵护着小鹰的安全，为了孩子尽心尽职。

随着一天天过去，小鹰逐渐长大，羽毛变得丰满了，有了独立生存的能力。但是，这些小鹰，还像小时候那样，依然喜欢待在温暖的巢穴里，等待着父母觅食喂自己。

此时的老鹰，便在巢穴里又蹬又叼，把窝里的枯草、羽毛都拨开，使下面的石子和荆棘暴露出来。

小鹰稚嫩的身躯，与石子、荆棘亲密接触，哪里经受得住，被扎得哇哇乱叫。这时候，老鹰便用嘴巴，把小鹰往巢穴外推。小鹰无奈之下，只好飞出巢穴，开始独立生存，自己觅食养活自己。

不过，老鹰这会儿并不是就对小鹰不管不顾了，它会躲藏在隐蔽的地方，眼睛时刻盯着自己的孩子们，一旦孩子有什么危险，或者自己没有能力解决的困难，老鹰就会及时出面帮助解决，使小鹰脱离困境。

这样一来，小鹰不但得到了锻炼，也不会有太大的危险，逐渐地，小鹰不但能在蔚蓝的天空中自由翱翔，还练就了一身的捕猎本领，为未来的美好生活，打下了坚实的基础。

感悟点滴

> 　　孩子的路，将来需要自己走，孩子的生活，应该由自己来主宰，父母需要尽早放手，让孩子学会自我管理。
>
> 　　这点，父母要向老鹰学习，在孩子幼小的时候，不但细心周到地照顾，还应保证孩子的安全。孩子逐渐长大些，有了独立自主的能力，就要坚决放手，把孩子推出家门，让他（她）接受生活的磨炼和考验，这样孩子才能更加茁壮地成长，才会拥有一个更加美好的未来。

八、做孩子坚强的后盾

　　我曾经在报纸上，看过一则有关美国家庭教育的状况。其中举的一个例子，给我的印象十分深刻。

　　事例描述了美国一个普通家庭父母教育孩子的场景：

　　父母："女儿，爸爸和妈妈都希望你将来当医生，做个白衣天使。你从现在起，好好学习，把基础知识打扎实，考进一个好点的大学，将来才会有比较好的生活。"

　　女儿："考不考大学，是我的事情，你们没有这个权利干涉！我要自己设计未来，做我自己喜欢的事情。"

　　这对美国夫妻，听孩子这样说，摊了摊手，知道再说什么也无用，任由孩子选择自己的人生路。

这种情况如果放在中国，可能大多数父母都没有这对美国父母那样开明，如果他们觉得哪个专业比较好，就有可能强求孩子选择什么专业，或者认为什么工作轻松，也会逼着孩子做相似的工作等等。

但这样强逼之下，往往适得其反。

我所在的小区，有一对夫妻，都是山东人，两人来北京做生意，因为头脑精明，虽然学历不高，但两人生意做得却不错，赚了不少钱。

他们的儿子刚读初二，因为从小耳濡目染，也喜欢上了父母的职业，打算初中毕业后，就和父母一起做生意。

男孩的父母，觉得做生意辛苦，不愿意孩子走自己的路，期望着儿子能努力学习，考上一个重点高中，然后再读大学，以后当个公务员，做一些少受累又比较体面的工作。

这不仅是他们对儿子的期望，也是他们为儿子安排好的人生道路。

男孩的成绩在班里只算中等水平，听说父母要让自己考大学，当公务员，这与自己的爱好一点都不沾边，不仅如此，依自己的成绩，他觉得考大学也无望，在如此沉重的心理负担之下，男孩的成绩逐渐下降。

此时，男孩的父母不仅没有意识到存在的问题，还责怪儿子为什么成绩不升反降。男孩见父母一步步逼迫自己，无奈之下，他选择了离家出走。

这对夫妻在儿子离家出走后，才后悔不该强逼儿子，慌忙到处张贴寻人启事，言辞恳切地希望儿子看到启事后早些回家，日后再想做什么事情都会随他，父母绝对不再参与。

但是，几个月过去了，仍然没有任何消息。现在，这对夫妻天天是以泪洗面，生意也没有心情再经营。出现这样的结局，受苦的是孩子，伤心的是父母，不得不让人警醒、深思。

感悟点滴

孩子是独立的个体，不是父母的私有品，有选择的权利和自由。

父母即便是为了孩子好，也不能强迫孩子做他（她）不愿做的事。否则，强行给孩子制定生活轨迹，逼迫着孩子按照自己的意愿走，也不会有良好的结局。

既然是如此，父母不如放手，让孩子走自己想走的路。

我初中时的语文老师，现在还时常联系。她的儿子现在开了一个图书工作室，因为眼光独特，又热爱图书这一行，做得很好，每年都盈利不少。

老师看着儿子干得好，心里高兴，在与我聊天时，便多次提起儿子，每次说起，兴奋之情溢于言表。

现在我的这位老师是这样，可是她在儿子上高三的时候，却很纠结。老师觉得计算机是新兴行业，前景很好，她希望儿子报理科，读计算机专业。

可是她的儿子，却从小喜欢看小说，长大后开始热衷写作，就想报文科，将来以写书为生。

母子为此还暗自较量，都想改变对方。

那时候，老师为此事烦心，给我打电话讲了此事。我劝她说："孩子的事情，你就让他做决定吧。如果硬逼着孩子去学计算机，孩子心不甘、情不愿，也难出成绩。"

最后，老师听从了我的建议，不再干涉儿子。不仅如此，还尽可能地给他提供帮助，做一些自己力所能及的事情。结果可喜可贺，儿子的事业越来越红火。

感悟点滴

> 孩子的路，让他自己选择，父母不要过多干涉。孩子按照自己的愿望去走，哪怕途中荆棘遍布，孩子也会想办法披荆斩棘，一直坚持。
>
> 在这个过程中，孩子的能力得到充分发挥，将来取得的成就才会更大，人生的价值才能更加淋漓尽致地体现出来。

女儿小雪，虽然现在刚上初中二年级，离考什么大学，将来要做什么样的职业等选择还远，但我们偶尔会谈到这些有关她未来的话题。

去年暑假的一天，阳光炙烤着大地，异常的热。我们一家人躲在家里，没有出门。吃过午饭后，我想午睡一会儿，刚躺在床上，小雪就走进了卧室："妈妈，爸爸和小宇在外面玩呢，我和你躺一会儿吧。"

很久没有与女儿同床共枕，我当然一百个愿意，拍着床示意女儿上来。

小雪躺下后，并没有睡觉，而是附在我耳边悄悄地说："妈妈，我以后上大学时要报英语专业，将来想做一份与英语相关的工作，当个翻译，或者做一个英语节目的主持人，怎么样？"

我知道，女儿的英语比较好，基本功学得扎实，而且口语也很流利，女儿基于此选择将来要学习的专业和未来的工作，会比较得心应手，应该比较容易取得成绩。

其实我呢，从心底来说，希望女儿能继承我的工作，做人类灵魂的工程师，搞教育。但是，作为一个教育工作者，我心里十分清楚，别说小雪的英语学得比较好，才想着将来做与英语相关的工作；就是她的英语不是很理想，要是坚持做这行，我也应该支持。

这样想着，我附在小雪耳边说："你选择什么样的职业，妈妈都会赞成、支持，一定会做你坚强的后盾，绝不给你拉后腿。不仅如此，在你做的过程中，有什么需要和帮助，或者觉得不合适重新选择道路，妈妈也会一如既往地支持。"

　　小雪听了，十分开心，转脸亲了我一下，开始闭着眼遐想，脸上不时地流露出欣喜的神情。

　　看着女儿憧憬着美好的未来，我在心里默默地祝愿：希望孩子经过努力，能实现自己的愿望。这样想着，我也跟着进入了梦乡，并做了一个女儿获得美好未来的梦。

感悟点滴

　　孩子是个独立的个体，也知道自己的特长所在，会根据爱好、能力去设计适合自己的道路。父母放手不干涉的同时，还应做好孩子的坚强后盾，不管孩子走的路是否与自己所想的一样，都应该大力支持。在孩子累了需要休息的时候，给他（她）提供一个温暖的港湾，帮助孩子恢复元气。

　　这样，孩子得到了父母的认可，才能放开手脚去做，也因此更容易做出成绩。

第六章
去掉条件，全面包容接纳孩子

一、包容孩子的错误

每个人，都不可能一辈子不犯错误，孩子身心正是成长的时候，由于心智不成熟，再加上受到经验、知识等方面的限制，情绪失控，更容易犯错误，这很正常，父母应该包容。

可是，我发现许多父母，在发现孩子犯了点错误时，就抓住不放，絮叨个没完，如此不包容孩子的错误，不仅难有效果，甚至还会使问题严重化。

我的朋友杨君芳，在女儿小美四五岁的时候，就给她报了舞蹈班。小美喜欢跳舞，而且在这方面也有天赋，所以学得比其他同学都要快，跳得也非常好，还经常参加比赛获奖。

在小美十岁的时候，有一年六一儿童节，她被选中参加市里举行的少儿组舞蹈比赛。因为从没有见到过这么大的场面，小美有些紧张，不小心跳错了一个基本的动作，结果没能发挥出正常的水平，没有获得名次。

小美从台上下来后，妈妈杨君芳把她大肆批评了一顿，埋怨女儿不应该犯这样低级的错误，说如果技不如人，还能接受，因为这么小小的一个动作，输给了别人，怎么都觉得别扭。

此后一连几天，还提及这件事情。

本来是一个小错误，由于朋友杨君芳抓住不放，天天数落小美，导致她变得很胆小，每次跳舞时，到了这个动作就紧张，平常练习都多次跳错，更别说比赛或者表演了。

自从那次比赛之后，小美再也没有参加过任何舞蹈比赛，后来逐渐的，也很难见到她再跳舞了。

直到此时，杨君芳才知道自己不该抓住孩子的小错误不放，但怎么后悔，也无济于事了。

感悟点滴

> 　　上台表演、当众演讲等等，这样的公开场合，初开始就是成人也会紧张，更别说孩子了。
>
> 　　因为紧张犯了点小错误，再正常不过。父母此时应该包容孩子的错误，进而引导孩子正确去做，如果有必要，还要对孩子进行安慰，这样不但使亲子关系更加紧密，还能避免孩子下次再犯类似的错误或者更严重的错误。

　　前几天，我听一个在医院工作的朋友说，有一个女孩，才十六岁，因为害死了自己的孩子，被法律制裁。

　　听到这个消息，我感到痛心的同时，也觉得女孩过于狠心，虎毒尚且不食子，不管由于什么原因，也不能如此狠心害死自己的亲骨肉。

　　后来，我知道了具体的情况。

　　原来，女孩是初中刚毕业的学生，下学后就出去找了个工作，还谈了一个男朋友，两人很快同居。在一起几个月后，因为经常闹矛盾，就分手了。

　　而此时女孩却发现自己怀孕了，她惊慌失措，不知道该如何办。虽然想到过把此事告诉母亲，但她心里很清楚，根据母亲的性格，知道这事后肯定会把自己骂个狗血喷头，讲自己不要脸、在外面给父母丢人等恶毒语言。

　　女孩因此不敢讲，她怕父母不接纳自己。就在犹豫与忐忑不安中，产期很快来临，女孩在厕所里产下了一名女婴。

　　婴儿用嘹亮的声音，宣布着自己来到了世上。可是她的妈妈，十六岁的女孩子却被这声音吓得魂飞魄散，急忙用手死死地捂着孩子的嘴巴，直到女婴停止了呼吸。

　　知道了整件事情的原委，我除了痛心，开始想更深层次的原因。

感悟点滴

> 　　如果，女孩在发现自己怀孕后，第一时间能够把这件事情告诉父母，不管父母怎么骂她，也会想办法帮助女儿及时解决掉这个难题，不可能会出现这样的结局。
>
> 　　而女孩之所以不敢对父母讲，就是因为父母一贯的行为告诉她：做了错事，不能告诉他们，否则只会换来羞辱，不会有别的帮助，结果由于自己年轻处理不当，才做了违法的事情。
>
> 　　由此可见，父母一定要学会包容孩子的错误。而包容的力量，有时候要比想象中大很多。

　　我在一本励志书中，曾看到这样一个故事。有一个女孩，爸爸在她很小的时候，就生病离开了人世。女孩从小就和妈妈相依为命，过着拮据的生活。

　　女孩没有钱买饰品，没有钱买想吃的食物，看着有钱人想要什么就有什么，她甚至有些怨恨母亲，为什么让自己生在这样一个贫穷的家庭中。与此同时，女孩对金钱的渴望愈加膨胀，并且随着年龄的增长更加强烈，她不甘心一辈子过着一贫如洗的生活，便决定离开家，离开妈妈，去寻找心中向往的美好生活。

　　女孩这样想，也很快就实施了。一天趁着妈妈去干活，不辞而别，去了一个大城市，进入了灯红酒绿的场所，做了一名陪酒女郎。

　　那时候，女孩年轻、漂亮，找她的客人很多。女孩一天能挣很多钱。她就拿这些钱，去买高级化妆品、名牌衣服，来弥补小时候的欠缺，过着极其奢侈的生活。

　　时间易逝，很快十年过去了，时间在女孩脸上打上了烙印，不再年轻的她很少再有客人光顾，最后被歌舞厅老板辞退。

　　女孩由于花销过大，没有一点积蓄，她从歌舞厅出来，一脸茫然地走在大街上，不知道哪里是归宿，自己又该走向何方，用什么来生活。

　　直到此时，女孩才想起辛辛苦苦把自己养大的母亲，还有那个清贫的家。女孩这时候，十分想家，可是她不敢回去，怕母亲知道自己在外面做的事，不接纳自己。

女孩就这样一边走一边想，没有目的。阳光落下，黑幕降临，华灯初上，照亮了还没有完全被黑夜笼罩的城市。女孩抬头去看灯光，无意间瞥见了路边电线杆上的一则寻人启事，她下意识地走上前去看，赫然发现那上面竟然有她小时候的照片。

女孩擦了擦眼睛，仔细读：我的女儿，不管你现在身在哪里，曾经做过多大的错事，妈妈都在家里等待着你，一直一直。

看到这则寻人启事，女孩心里一热，眼泪情不自禁地流了下来。她顾不得想其他，急忙搭车往家赶，直到第二天深夜，才回到那个她熟悉又陌生的家门口。

女孩举起手想敲门，又担心深更半夜影响母亲的休息，就试着推了一下，门竟然无声地开了。

"女儿，是你吗？"一个苍老的声音传进了女孩的耳朵，她急忙迎了上去，抱着自己的母亲泣不成声。

"孩子，别哭了，回家就好。"母亲轻拍着女儿安慰。

"妈妈，你晚上一个人睡觉，怎么不从里面扣着门啊？这多不安全呀！"女孩说。

"孩子，自从你离开家那天起，这扇门，妈妈就从来没有锁过。"母亲答。

女孩听后热泪盈眶，她万分后悔、无限愧疚地说："妈妈，我错了，以后一定听你的话，做个好人。"

感悟点滴

　　故事中的母亲，用自己宽大的胸怀，接纳了走向歧途的女儿，用自己的包容，帮助孩子鼓起了信心，促使女儿有了做好人的决心。

　　每个人都不可避免地会犯错误，处于青春期的孩子，想独立，而能力、经验又欠缺，所犯的错误有可能会更多，这些都十分正常。父母包容孩子的错误，会增加孩子的信心、勇气，帮助孩子更顺利地走未来的路。

二、善待孩子的过失

孩子无心之过，父母责备，孩子会感觉到委屈，甚至永远都记在心里，我有这样的亲身体验。

记得我八岁那年夏天，一天吃过午饭后，我正在睡午觉，被飞来飞去的蚊子"嗡嗡"声吵醒了。我困得睁不开眼，闭着眼睛听到哪里有声音就往哪里挥手、拍打。蚊子像有意和我捉迷藏似的，一挥手它就跑开，可过一会儿我将要睡着，又"嗡嗡"叫着飞回来骚扰。

这样来回折腾了几回，弄得我无法安睡，就索性起身，拿起苍蝇拍子，开始灭蚊行动，以报骚扰之仇。不大一会儿，就打死了十来只，我觉得解恨的同时，还越打越兴奋，睡意全无，决定要把屋里的所有蚊子都消灭掉。

剩下的蚊子逐渐减少，也越来越精明，专往我打不到的地方飞。这时候，我看到其中有一只蚊子落在了灯线上，就搬来了凳子，放在床上，然后站到上面，悄悄地、轻轻地举起蝇拍，用力地朝着蚊子拍了过去。结果，蚊子没打死，却把灯泡一下子打碎了，碎片哗啦一声掉在了地上。

父亲听到动静，急忙跑到我屋里，看到一地碎片和手拿着蝇拍子，还站在床上面凳子上的我，一下子就明白了怎么回事。

我知道父亲脾气不好，神情紧张地看着他。

"你站那么高做什么，蚊子飞那么高还碍着你事了吗？我看你不弄坏点东西，心里就不舒服是吧？"

父亲说完，愤愤地走了出去。

我听到父亲的话，心里很难受，愣在凳子上，过了好大一会儿，才想着下来。虽然，我知道家里比较穷，父母每个月都会精打细算着花钱，但因为无意间打碎了一个灯泡，就这样责怪我，心里很不舒服。

这件事情过去了很久，我见到父亲，还有些愤愤不平。就是至今想起来，都觉得父亲那时候做得有点过分。

感悟点滴

过失本来就是无心之错，出现了这样的事情孩子心里已经十分难过，如果父母这时候再去责备孩子，他（她）会更加伤心、难过，认为父母不理解自己，不够爱自己，孩子容易变得自卑不说，有可能还会因此怨恨于父母，导致亲情关系疏远，不利于今后对孩子的教育。

因此，不管孩子有多大的失误，父母都要克制住自己的情绪，善待孩子的过失，不要去指责、辱骂。

我深深地记得自己因为失误，被父亲责骂难过的心理。所以两个孩子有什么过失时，我不仅不会批评，还尽量安慰。

小雪五岁那年的一天，我因为帮别的老师代课，一天的课程几乎排满，所以下班后回到家，感到特别累，就直接躺在沙发上，眯着眼睛休息。

女儿小雪看到了，拿起杯子，到饮水机前接了一杯水，小心地端到我面前，但因为手没有握紧，杯子一滑，掉在了地上，"砰"一声碎了，水洒了一地。

我听见响声睁开眼睛，看到地上的玻璃碎片和水，又抬头看了女儿无辜的眼神，立即明白了怎么回事。于是，我什么都没有说，站起身就去拿笤帚收拾。

"妈妈，我，我看你累了，想端杯水给你喝，没想到杯子掉在了地上……"小雪小心地站在我身后，嗫嚅着说。

听到这话，我丢下笤帚，转身摸着小雪的头说："妈妈知道，真是个孝顺的闺女。"

小雪脸上立即浮现出笑容，她接过我手中的笤帚说："妈妈，你累了，坐在沙发上歇一会儿，我把碎片打扫干净，一会儿，再给你倒杯水，这回，我一定不会摔坏杯子了。"

听着女儿这番诚恳的话语，看着她坚定不移的眼神，我松开手，把笤帚交给了女儿。随后欣慰地坐在沙发上，闭着眼，装作休息的模样。其实暗地里，我却一直在观察着女儿的动静。

小雪拿着笤帚，轻手轻脚地打扫着，还不时地朝沙发上张望，看是否惊动了我。收拾完毕后，她重新拿了一个杯子，走到饮水机前，倒了大半杯水，两个小手紧紧地捧着它，生怕杯子再一次从手里滑落。走到我面前时，她看我闭着眼，凑上前想看看我是不是真的睡着了。嘴唇动了动，想叫又停了下来。

看到此处，我急忙睁开眼睛说："闺女，给妈妈送水来啦？"

"是的，妈妈，你喝水。"

我开心地接过杯子，一饮而尽，末了，还啧啧嘴说："女儿送的水，真好喝！"

小雪听了，笑得如花一样。

感悟点滴

父母应该全面去看事情的经过，善于发现孩子失误之中的闪光之处，并及时提出，孩子得到父母的认可、包容，才会变得更加小心，尽量减少失误的产生。

孩子不小心弄坏了东西，已经很懊悔，此时，父母不能眼睛只盯着不良的后果，动不动就指责、批评孩子，那样孩子不服气，很难主动改正不说，甚至会错上加错。

一天，我正在路上走，碰见了同小区的陈荔，她气呼呼地走在前面，女儿紧跟其后。走到我面前，她用手指着女儿说："李老师，我这孩子没法要了，做了错事，还死不承认，偏说不是她干的！"

对我说完这些，她转头又审问女儿："你爸爸出去了，我也没在家，你说，就你一个人在屋里，花瓶不是你打碎了，还能有谁？"女孩低着头，没有吭声。

"孩子，你觉得妈妈讲的是事实吗？你心里是怎么想的？"我温和地问女孩。

她抬头看了妈妈一眼，又低下头小声对我说："阿姨，我不是故意把花瓶打碎的，是拿东西时，不小心碰倒了。我怕妈妈像上次那样责罚我，就撒了谎。"说完，女儿胆怯地抬头看了妈妈一眼，又急忙低下了头。

"好啊，终于承认了吧，小小年纪，就给我来这一套把戏，看回去怎么惩罚你。"陈荔对女儿狠狠地说。

我伸手拉着陈荔，把她拽到身边，小声对她说："你可不要惩罚孩子了，就是因为上次孩子有过失，你责备她，孩子这次才撒谎。其实要追寻孩子撒谎的原因，根源在你这里。难道，你真想促使孩子养成撒谎的习惯吗？"

陈荔听我这样说，怔了一下，不解地问："那孩子弄坏了东西，财物受到了损失，就这样什么都不说，算了吗？"

我笑着说："每个人都有过失误，你回想一下，自己要是因为失误，遭受责备，而自己又无力反抗，心里会不会委屈？为避免这种不愉快，会不会选择撒谎来逃避？"

陈荔听了，认真思考了一会儿，点了点头说："李老师，经你这么一点拨，我顿时豁然开朗了，一下子就明白了过来！以后啊，我不会再因为这样的事责怪孩子了。"

她说完这话，转身走到女儿身边："孩子，妈妈错啦，不该因为你的无心之过，而责备你。"

"妈妈，我也错了，以后再也不会向你撒谎了。"女孩盯着妈妈说，眼睛里充满了温情。

感悟点滴

　　失误是孩子无心之过，过失不是孩子有意如此，既然损失已成事实，此时再责怪孩子也不起任何作用，有可能还会给孩子造成心灵上的伤害，而为避免受到责备，孩子甚至撒谎。

　　所以，对于孩子的过失，不管结果损失有多大，父母都要善待，父母这样做，孩子会因为感激而以后处处小心；如果进而及时安慰孩子，让孩子体验到父母的包容之心，孩子就会更加感激，进而从中吸取教训，避免类似的错误再次发生。

三、正确对待孩子的缺点

我的两个孩子，从小都爱听我讲故事。特别是小宇，六岁之前，几乎每天晚上都需要我的故事进行催眠。当然，白天有空的时候，他也会缠着我为他讲。

记得一天，吃过午饭，小宇见我坐在沙发上喝茶，就凑上前说："妈妈，你给我讲故事。"

"好，妈妈给儿子讲。"我摸着小宇的头，拉开了故事的序幕。

这次讲的故事，里面有一个人，做了很多坏事。当我讲到这里时，小宇张口就说："他妈的，这个人真坏呀！"

我听后，一下子愣住了。我不知道什么时候起，小宇竟然学会了骂人！而且是这么难听的一句话。

"小宇，你刚才说什么？"我问儿子，想再核实一下。

"妈妈，我说故事里的那个人坏啊！"小宇不解地说，根本没意识到我问这话的目的。

为了避免起到强化作用，我没有再问，只是从那时开始，每天留心着儿子说话。

这一留心不要紧，把我吓了一大跳。小宇不仅每天都说"他妈的"这三个字，而且讲得十分频繁，几乎都成了他的口头禅。

儿子小小年纪，竟然学会了骂人，对于孩子的这个缺点，我深恶痛绝。但是，我知道小宇不是有意去说这句难听的话，他还小，并不了解这句话代表的意义，他很可能是因为听到某人这样讲，觉得好玩，就学会了。

因此，我没有直接批评小宇，只是明确告诉儿子"他妈的"这是句骂人的脏话，并警告他以后不要再说。

小宇听我这样说，就开始有意识地避免。虽然有时候控制不住自己，偶尔还会不由自主地说一次、两次。但我清楚，儿子已经在努力地纠正。

因此并没有对儿子严厉批评，听到后只是提醒。不久，小宇就不再说这句脏话了。

感悟点滴

> 孩子小时候，最喜欢模仿，有可能因此学会了一些脏话，习得了一些不良的举止，而孩子，有可能根本就不知道脏话的意义，也意识不到不良行为的严重性。
>
> 面对孩子这类的缺点，父母不要看见就盲目指责，而要耐心地解释不能这样说和这样做的原因，并向孩子示范指出如何正确地去做，不久之后，孩子自然就会改掉身上的缺点。

我经常听父母说，孩子的缺点多，许多就像顽疾，沾到了孩子身上，不管自己如何努力想办法纠正，怎么都去除不了！

我相信会有这样的现象，但是，根源却有可能不在孩子身上，或许是父母的教育方式欠妥当，孩子故意与父母作对导致。

几天前，我收到的一封信，就能充分证明我下的这个结论，从中可以找到有些父母教育失败的原因。

这封信，是一个叫小亮的孩子写的，内容如下：

李老师：您好！

我叫小亮，今年刚刚十一岁，读小学五年级。有一次，我去上学，不知道是把笔掉在了地上，还是放学时忘记把笔装进了书包里，总之笔不见了。

我回去把这事告诉妈妈，想让她再重新给我买一支。结果妈妈一听，就骂我是个败家子。李老师，您说不小心把笔丢了，怎么就成了一个败家子了呢？

再说了，我家里也不是很缺钱，爸爸生意做得不错，我在吃、住方面都不比别的同学差，妈妈不应该因为一支笔的事斤斤计较，更不该脱口而出说我是败家子啊。

我觉得自己把笔弄丢了，充其量也只是因为粗心导致，根本与败家子不沾边啊！听妈妈这样说，我是万分的委屈，心想，既然说我是个败家子，我就做败家子的样给她看。后来，我就有意识地把东西弄丢。前段时间，我在放学的路上，故意把书包扔掉了。

回家后，我告诉妈妈书包是被人偷走了。当然，出现这样的事情，肯定会少不了挨骂。果然，妈妈暴跳如雷，说我成事不足，败事有余，反正什么话难听说什么。看着妈妈生气的模样，我心里竟然有种莫名的快感。

但是，话说回来，其实我内心中，真的不想这样做，也不愿惹妈妈生气。可是，每当想到她骂我的时候，就不由自主地想与她作对，做出一些令妈妈生气的事情，心里才感觉到稍许平衡……

小亮这封信，简明清晰地讲出了自己之所以缺点不改，甚至发展得更加严重的心理变化及其原因。

感悟点滴

有许多父母，在孩子一次失误之后，或者第一次发现孩子有什么缺点，就把一个更大的"坏帽子"扣在了孩子头上，甚至进行人身攻击。

这样做不仅难以起到教育的效果，反而会导致孩子厌烦，从而产生作对的心理，结果可想而知，很可能孩子的一次失误，真的就演化成了终身的毛病。

所以，不管孩子是因为过失导致不良的结果，还是本身确实有什么缺点毛病，父母在批评孩子的时候，都要做到，实事求是，只对事，不对人，千万不能对孩子进行人身方面的攻击。

除此之外，父母还应该学会控制自己的情绪。

由此我想起前段时间发生的一件事情，那天没事，我去张艳家，两人坐在沙发上聊天，张艳的儿子小帅在旁边安静地看电视。

当时，电视里某台正在放广告，大肆宣传一款耐摔的手机，还有在地板砖上试验的镜头。

"小帅，你要干什么？快点把手机放下！"张艳一声喊，把我吓了一大跳，急忙看向小帅，发现他拿着妈妈的手机，举手正要往下摔。

张艳伸手一把夺过手机，接着朝小帅的屁股上就使劲打了几巴掌，还气呼呼地说："天天就爱摔东西，我看你还摔。"

小帅疼得哇哇大哭，眼泪、鼻涕抹了一脸。

我听张艳这么说，联想到刚才的电视广告，急忙去拉张艳，并劝她说："别打孩子了，问问小帅为什么要摔手机。"

"他啊，能为了什么啊，我看是摔习惯了，凡是带响的物品，他都爱摔，也不知道从哪里学来的臭毛病！"张艳气愤难平地说。

我把她拉到沙发上坐下，就走到小帅面前，一边替他擦眼泪，一边轻声地问："小帅，你为什么要摔手机呀？"

"电视上说手机不怕摔，我看妈妈的手机和电视上差不多，就想试一下。"小帅抽噎着说。

我听小帅这样说，回头去看张艳。她也听到了儿子的话，厉声问："这次是因为看到电视里说手机摔不坏你摔，上次把你爸爸的小收音机摔坏了，是因为什么？"

"那里面有声音，我想摔开看看有小人没有。"小帅解释说。

听到这里，我知道小帅爱摔东西的原因，走到张艳面前说："别责怪孩子，摔东西虽然是不良的行为，但孩子出发点是探求原因，验证真理，从这点来说，你应该高兴才对。"

"我高兴？孩子把东西摔坏了我还高兴得起来吗？"张艳不解地说。

"我说你应该高兴的是孩子有这种探索的精神，孩子摔坏了东西，你趁此机会，引导孩子，让他明白其中的道理，这样不仅能满足孩子的求知欲，还能避免孩子继续摔东西。"我解释说。

张艳还不太理解，瞪着眼困惑地看着我。见她这样，我神秘地说："看我的。"

我转身走到小帅面前，拿出自己的手机说："小帅，你看，这个手机，也和刚才电视上那个手机差不多吧，可是，要是拿着它往地上使劲一摔，肯定会摔坏。不仅我这个手机，就是和电视上一模一样的手机，你只要使劲摔，也会坏。以后再看到这样的广告，不能随便摔东西试验啦。"

小帅听了，睁着大眼睛看着我问："阿姨，我知道了，卖东西的人说瞎话。以后我不会再相信他们说的话了。"

听他这样说，我转脸看张艳。她没有想到儿子通过我这一解释，竟然悟出了广告不可信这个道理，欣喜地走到我面前说："谢谢你啊！在教育孩子的问题上，给了我太多的启发和帮助。"

"谢谢阿姨，你让我明白了为什么不能摔东西。"小帅也凑上前说。

感悟点滴

父母发现孩子哪里做得不对，或者有什么缺点毛病，不要盲目批评责骂甚至动手打孩子，这样做根本起不到作用，还会影响亲子间的关系。

遇到与孩子摔东西类似的情况，父母首先要控制自己的情绪，温和地向孩子了解他（她）这样做的原因，这样维护了孩子的自尊，孩子乐意接受引导。而父母因为清楚了事情的原委，弄明白原因，然后针对孩子的问题，找出最佳的解决方式，这样才能有效地引导孩子尽快改正缺点、丢掉毛病。

四、给孩子留出改变的时间

一天下午，同学张茜带着儿子小涛来我家玩，坐了一会儿，我想起新买回的苹果，就给他们娘俩一人拿了一个。

小涛有可能是饿了，拿着苹果立即咬了一大口，两个腮帮子都撑得鼓了起来，几次想把苹果嚼烂，因为块过于大，在嘴里倒弄不过来，不得已，只好又把苹果吐出来，用手拿着，一点一点地吃。

"小涛，看看你，我的苹果都下去了一小半，你一口还没有吃完。所以说一口不能吃成个大胖子，贪多嚼不烂，吃东西要慢点啊。"

小涛吃苹果的样子，我们一家人也看到了，想乐都不好意思乐。现在听张茜首先说出来，而且讲得那么风趣，知道她不会在意，就跟着哈哈笑了起来，尤其是小宇，乐得笑弯了腰。

随后，张茜一边吃一边问我："你说小涛这孩子，成绩虽然不算太差，但若一直是这样，肯定没有把握考上重点高中，我一直为此事着急，你说，怎么做才能迅速提高孩子的成绩呢？"

"一口吃不成个大胖子，张茜，你刚才还这样教小涛，怎么这会儿又犯糊涂了？"我半开玩笑地说。

"你看看我，年纪不算大，记性却不好，把刚说过的话，转眼都忘记了。经你一提醒，我才想起。可是，你是知道的，我是真为孩子着急啊！"

见她是真心请教，我引导说："你看过那些挤着上公交车的人吗？因为人多位少，每个人都想先上车，占个好位置，使自己舒舒服服地到达目的地。所有人都这样想，便都挤着向前拥，结果卡在了车门口，谁都上不去，不仅没有占到位子，反而还耽误了不少的时间。如果一个个按顺序上车，速度就会提高不少，说不定依自己的顺序，还能摊上一个位置。教育孩子也是一样的道理，不能只盯着前面的目标，想一步就能达到，这不现实。需要根据孩子的实际水平，耐着性子给孩子一点点补课，使他的成绩循序渐进，才会稳妥地达到你想要的目标。"

"我明白了，谢谢你啦！今后啊，我再不要求孩子一下子跃升到前三名了，那不切实际。我会耐心地帮助孩子补课，使他按部就班的前进。"

我听后，笑了，小涛在旁边听到妈妈这样说，开心地拉着小宇的胳膊使劲地摇。看得出，他为妈妈能改变对自己的要求十分开心。

感悟点滴

> 父母希望孩子成绩好，这没错。但应该根据孩子的实际情况，耐心引导，逐步提高。其他方面也同理，孩子变得优秀，是个量变到质变的过程，不可能一蹴而就。如果违背了这个规律，结果很可能会适得其反。
>
> 促使孩子提高是这样，改掉孩子身上的缺点、坏习惯也是如此，需要给孩子留出改变的时间。

一天上午，朋友杨明打电话说，给儿子小洋新买了台电脑，不久之后，就发现儿子迷恋上游戏，多次劝说，儿子好像就不听，让我过去看看。

我和杨明的关系，像哥们儿一样，听他这样说，而且看样子还很着急，我理所当然地丢下手头的事，放学后就急忙赶到他家里。

刚到门口，我就听到杨明对儿子喊："快点出来，一放学就钻进房间打游戏，再打，电脑我给你卖了！"

听到杨明的话，我怕他们父子起冲突，急忙使劲敲门。杨明开门看是我，惊喜地说："你来得正好，小洋现在又打游戏呢，你想想办法，怎么能限制住他。"

这话刚说完，小洋从自己房间走了出来，满脸不高兴地说："爸爸，总是说我打游戏打游戏，我现在不是比以前玩得少多了吗？"

"少多了？光少多了就成啦？以后不能再玩游戏了，一定要杜绝这种事情发生！"杨明大声朝儿子喊。

"光知道要求别人，自己试一试，哪那么容易就杜绝啊，不得一点点改变啊？"小洋的声音虽然不大，我听得清清楚楚。

"你这孩子，打游戏还有理了。"杨明质问儿子。

我拉了拉他的胳膊说："孩子说得有一定道理！"

接着，我给他讲了发生在我身上的一件事情：

我不知道什么时候，养成了一个跷二郎腿的习惯。不管坐在哪里，不自觉地就把腿搭在了另外一条腿上，感觉这样特别舒服。

后来，我看有些资料说，跷二郎腿对身体不好，也不是很雅观，便开始有意识地改变。

每当要坐下之前，我都会想着不能跷二郎腿，就这样想着，有时候坐下后还是不自主地抬腿，更何况有些时候因为种种原因不会想到，所以，跷二郎腿的次数虽然在减少，但这个不良习惯很久都没有改掉。

直到几上月之后，在我坚定的意志支持下，硬控制着自己，才得以彻底根除。

讲到这里，我对杨明说："一个成人的不良习惯，有意识地去改变，况且需要这么长时间，更何况孩子呢？"他听后不住地点头。

"孩子从先前迷恋打游戏，现在已经逐渐减少玩的时间，这说明已经有了很大的进步，你应该给孩子留出改变的时间，并及时肯定孩子的进步，而不要总是批评孩子没能一下达到你想要的目标。"

杨明听后再次点头，小洋则掩饰不住内心的喜悦，走上前说："阿姨，还是你了解我们孩子。"

我摸着他的头笑着说："阿姨相信小洋，一定能控制自己，很快就不再打游戏，我等着你的好消息。"

"阿姨，你放心吧，我知道打游戏耽误学习，尽量不再玩。"

两个月后，杨明拨通了我的手机，让小洋跟我说话。

"阿姨，我现在一点都不玩游戏啦！"听着孩子兴奋的声音，我心里说不出的舒服。

感悟点滴

孩子迷恋游戏，就如同恶习一样，要想一天戒除，根本就不可能。父母应该给孩子留出改变的时间，并在孩子有进步时，及时给予肯定，这样进行强化，孩子开心，亲子关系和谐，才会比较快地促使孩子彻底改变。

因为形成了坏习惯不好改，所以父母在平时还应该多关注、留意孩子，发现孩子身上存在的小问题及时纠正，这样孩子才能改变得更快。

女儿小雪四岁左右时，有次家里没有酱油了，我带着她去商店买。小雪看见花花绿绿的小贴画，十分喜欢，拿着它朝我喊："妈妈，给我买。"

"好的，妈妈这就给你买。"我正在挑选酱油，听女儿这样说，答应着。

随后，我便拿着一桶酱油来到女儿面前问："小雪，你要什么样的？"

"这张，还有这张。"小雪从一大沓贴画中抽出两张，我便拿着一起到柜台结账。小雪跟在我的身后，十分高兴。

回到家之后，小雪伸着手向我要贴画。

"女儿，你想把贴画贴在哪儿啊？"我一边把贴画递给女儿，一边问。

"贴哪儿都好看，妈妈，你瞧。"小雪伸着左胳膊，把袖子向上捋了一下说。我赫然发现女儿的手腕上，竟然贴了三张动物的贴画。

这一下，我吃惊不小，急忙蹲下身说："小雪，你手腕上这三张贴画，咱们忘记了给老板结账，现在咱们过去付钱，好吗？"

小雪看了看手腕，答应了。我便带着她又去了一趟商店，对老板说："对不起，孩子手腕上贴了三张贴画，忘记给钱了，应该是多少钱啊？"

"那不值多少钱，不要了。"老板看了一眼小雪的手腕，摆着手说。

"这不是钱多少的事情，我是在教孩子，拿了别人的东西，必须要付钱，请你千万收下，别客气。"

老板听我这样说，象征性地要了一毛钱。这样，我才和女儿一起高高兴兴地回了家。

虽然，小孩子不经意间拿了别人的小东西，不是什么大不了的事。但是，我发现了，就要及时引导孩子，让她知道那是不对的行为。

也就是从那次起，小雪牢记着拿别人的东西，一定要付钱这个道理。我相信，任何时候，在她身上，都不会发生偷抢的行为。

感悟点滴

父母教育孩子，还需要细心，因为只有细心，才能观察到发生在孩子身上的一些事情，才能尽早发现孩子存在的问题或者小毛病。

> 只有尽早发现，及时纠正，防微杜渐，才能花费更少的时间，而且也更容易使孩子形成良好的习惯，促使孩子变得更加优秀。

五、多站在孩子的角度想问题

一天，小宇放学回到家，找来一些木板、钉子和锤子，在屋里便叮叮当当地敲打了起来，想做一个小凳子。

爱人听着儿子敲打了很长时间，还没有停止，就走到小宇面前看，发现他还没有做出个雏形，又见儿子累得满头大汗，就随口说："小宇，你想要什么家具？给爸爸说，咱们现在就买去。看看你，在这里捣鼓了半天，还没做出个半成品，你就不嫌烦啊？别做啦！"

小宇听到爸爸这样说，抬起头笑着回答："爸爸，你不是我，怎么能知道我做这个感觉到累呢？告诉你吧，给我买再好的家具，也没有我亲自动手快乐，当然要继续做下去啦。"

儿子这几句话，把爱人说得哑口无言。他想当然地以为，儿子辛苦，想让小宇省点劲，买回他想要的现成物品。没有想到，自己所想的这一切，与孩子想要的几乎完全不一样。

他们父子的这番对话，让我想起了女儿小时候发生的一件事情。

记得小雪四岁左右大时，有一次，我带着她出去玩，碰到了同小区的一个熟人孙涛，他喜欢小雪，只要碰见，总是要抱上一会儿。

这一次看到也是如此，孙涛蹲在地上，伸出双手说："小雪，过来，让叔叔抱抱。"

"叔叔好！"小雪没有向先前那样顺从地让孙涛抱，只是礼貌地叫了声。

"唉，小雪真乖，来，亲叔叔一下。"

"不！"小雪直接拒绝。

"小雪，亲叔叔一下。"我把女儿往孙涛面前送。

"就不！"小雪一转身，躲在了我的身后。

"呵呵，才几天没见叔叔，就认生了吗？"孙涛有些尴尬地说。

"小雪，怎么越来越不懂事了，快出来！让叔叔抱抱。"我感觉女儿今天表现得有点反常，但却没有多想，一边拽女儿，一边说。

"妈妈，我不是不懂事，也不是不想让叔叔抱！"小雪有些委屈地说。

"那怎么了？"我和孙涛好奇地异口同声问。

"上次叔叔抱着亲我时，把我的脸扎疼了！"

孙涛听到此话，伸手摸了摸下巴，不好意思地说："对不起啊，小雪，叔叔今天不抱你了，等把胡子刮干净了再抱你，好不好？"

"好！"女儿小声地回答。

知道了小雪向后缩的原因，我十分愧疚，悔不该在不了解女儿的情况下硬逼着她做不愿做的事情。

感悟点滴

孩子有自己的想法，有父母不知道的经历，在孩子不愿意做什么事情的时候，即便父母觉得应该那样去做，也不要强迫。事后还要清楚孩子为了什么，及时了解不知道的情况。

否则，父母一味地站在自己的角度上，不假思索，就从自己的观点出发，想当然地认为孩子做什么不对，感觉怎么做是对的，就把自己的愿望强加在孩子身上，逼着孩子那样去做，有可能就会给孩子造成身心伤害。

但如果父母尝试着换位思考，就比较容易理解孩子，从而避免给孩子提过高要求、定过高标准，进而减少对孩子没有必要的责罚，使孩子的童年过得更加开心。

　　我从自己误会小雪的经历上，吸取了教训，不敢再轻易批评两个孩子，哪怕是老师指出孩子的不对。

　　记得女儿小雪上大班时，有一次，我去她幼儿园接她。

　　老师特地把我叫到一边说："小雪今天上课时三心二意，叫她回答问题，也是心不在焉。这孩子挺聪明，可就是有些不太专心。"

　　一向好强的我，听老师说女儿在学校表现得这样差，我当时是有些生气了，当即就想批评女儿，但想到以前的事，我控制住了不良的情绪。

　　"小雪，今天上课有什么事情发生吗？"刚离开幼儿园，我就问女儿。

　　"没有什么事情啊！"小雪看着我，对我这样没头没脑的问题有些困惑。

　　见女儿不往正题上说，于是我直接问："今天上课时，老师叫你起来回答问题了吗？"

　　"叫了，怎么啦？"小雪反问我。她好像根本没有认识到自己所犯的错误，我不得不一步步提示、追问。

　　"老师问你的是什么问题，你又是怎么回答的呢？"

　　"嗯，是，这个……"小雪支支吾吾了半天，我觉得老师说话属实，正要责怪女儿不专心听课，突然她问我："妈妈，小林今天没来上课，他是不是生病了呢？"

　　听女儿不好好回答我的问题，反而问这些不相干的事，若是放在以前，我肯定早就生气了，即便是现在，我还是想发火，不由得提高了声音："老师问你什么题，你是怎么回答的？说！"

　　女儿看我真的发怒了，就一五一十地说："妈妈，老师问问题的时候，我看小林没来上课，想着他是不是生病了，老师问我什么问题，我没有听清楚。"

　　我知道小林和女儿挨着坐，两人是最好的朋友，他没来上课，女儿自然挂在心中。而小孩子，因为这些小事情上课分心，也确实属于正常。

　　我站在孩子的角度思考了一下，对于小雪这些行为完全能够理解，所以并没有批评女儿，只是告诉她以后要注意听讲，这是对老师的尊重，才能学到知识。

　　小雪也认识到了自己错误，答应以后一定会改正。

感悟点滴

孩子所做的很多事情，父母若是以成人的眼光去看，就会十分生气，甚至觉得孩子不可理喻，因此去责罚孩子，结果很可能就会因为不了解情况而剥夺了孩子的快乐。

父母应该尽量设身处地从孩子的角度去考虑，才能比较容易理解孩子看似不良的行为，从而避免不必要的生气，也会减少对孩子不应该的责备。

有时候，父母即便设身处地站在孩子角度上去思考，因为自己毕竟不是孩子本人，不能完全了解孩子的心理、需求。此时，父母不妨直接问孩子需要什么？想让自己怎么做？这样针对性强，效果会更好。

有一次，我去朋友孙良家，他当时因为儿子考得分数低，正在生气地批评儿子小明："你看你这成绩，将来别说考上大学，就是上个职高都成问题。考不上大学，我看你将来有什么出息！"

小明绷着脸嘟囔说："我没出息与你没有关系，以后少管我，我也不稀罕你管。"孙良听了，更加生气，上前就要去揍儿子。

我急忙拦住他，然后把小明拉到他房间，温和地问："小明，这次你的成绩考得不理想，你爸爸为你着急才生气批评你，不要往心里去！"

"他为我好？真为我好的话，就该想着帮助我提高成绩，而不是看到分数低就教训！"小明愤愤不平。

我顺着他的话接着问："小明，你希望爸爸如何帮助你？认为用什么样的方式，才能有效地提高你的成绩？"

"我数学基础本来不太好，后面新学的内容有些听不懂，这才考得比较差。我认为只要父母每天晚上给我补习一个小时的数学，成绩肯定会很快得到提高。"小明的情绪平息了一些，缓缓地对我说。

"咱们去跟你爸爸说，让他从今天起，每晚给你补习一个小时的数学。"

"我不去，他也不会乐意给我补习。"小明执意不过去。

我不能强迫，便去客厅找孙良，把我与他儿子的谈话原原本本地说给他听。然后劝他主动去找孩子补课，并且以后要主动问孩子需要什么，从而帮助孩子更有效的提高。

孙良按照我所说去做了，他儿子小明的数学成绩很快就有了进步。

看到儿子身上可喜的变化，孙良十分高兴，打电话夸赞我："要没有你的帮助，还不知道我和儿子之间会闹到什么程度呢，更别提能帮助儿子获得好成绩了！"

听着朋友的夸奖，我高兴的同时，也为他们父子关系的缓和而欣慰，更为小明成绩的提高而开心。

感悟点滴

许多时候，孩子的行为举止，父母觉得不够好，是因为没站在孩子的角度去想，因此才有失偏颇。

父母应该多从孩子的角度去看待问题，必要时直接问孩子需要什么，想让自己如何做。然后，父母根据孩子的需要去给予，这样针对性强，效果会更为显著，还会使亲子关系更加和谐、沟通更为顺畅。

六、批评孩子后记得安慰

有一次，邻居张艳带着四岁的儿子小帅到我家玩。我和张艳坐在沙发上聊天，当时小宇和姐姐小雪出去了，小帅没人陪着玩，我们说话他又搭不上边，有些无聊，就摆弄着桌子上的物品，一会拿着杯子看左看右，一会把茶叶盒放在手中，翻来覆去地瞅……

"哎呀，撒啦！"小帅猛然一声，打断了我和张艳的谈话。两人同时朝小帅看去，发现他手里拿着倾斜的茶叶盒子，而茶叶，满地都是。

原来，小帅拿着茶叶盒来回把玩时，不小心把盖子弄开了，茶叶就倾斜而下，几乎全掉在了地上。

"小帅，你怎么搞的，为什么把茶叶盖子打开了，还口朝下拿？"

"我没有，我没注意盖子在下面。"小帅有些委屈地解释说，看样子对妈妈说自己把茶叶盖子打开的有些不满。

"你做错了事，还这么多借口，真是走到哪里都不让人省心啊。"

"已经撒出来了，别再说孩子了。"我拉了拉张艳说。她不再吭声，和我一起收拾掉在地上的茶叶，随后我们又坐下聊天。

过了一会儿，张艳要回去，就喊儿子。

小帅自从把茶叶弄撒在地，就一直独自坐在一个角落里，我叫了他几次都不应声。这时候听到妈妈喊自己，他更是有气，还把脸扭到了一边去。

"怎么，你小小孩子，做错事，说你几句，还记恨不成？"

"我不让你省心，你别要我了好啦！"小帅瞪着妈妈说，话音落了，人也冲出了屋。

张艳没想到儿子竟然生这么大的气，不安地看了我一眼，急忙出去追。

感悟点滴

孩子做错事之后，父母批评、训斥未尝不可，但事过之后，最好进行抚慰。

否则，孩子有可能就会产生逆反心理，故意和父母怄气，甚至公然作对，这样容易导致亲情出现裂痕，即便父母以后再想用各种办法修补，恐怕在孩子心中一样会留下阴影，从内心里不愿意再亲近父母。

我教育两个孩子的过程，让我感觉最揪心的一次，是在女儿小雪四岁左右的时候。

记得那一天，吃过午饭后，我就开始刷碗洗筷。因为用了洗涤剂，盆中的水里出现了白色的水沫，小雪当时就在厨房玩耍，无意间看到了，她觉得很好玩，但怕我不同意，就说："妈妈，我来帮你洗碗吧。"

我明知道女儿的小心思，担心她把水溅得满身都是，就没有答应。小雪就在我身边不停地哀求，我拗不过女儿，只好帮她挽起袖子，并交代女儿要小心拿碗，不要把水洒在身上和地上。

小雪一一点头答应，十分开心地把手放进了碗盆里。

开始的时候，小雪左手拿着碗，右手不停地在碗里摆弄，还真像洗的样子。过了一小会儿，她就忘记了洗碗这回事，一门心思地玩起了泡沫。不仅两手捧着水玩，还把它朝上洒，结果弄得地上身上都是水。

我当时看了很生气，批评小雪说："我早就知道你心思在玩上，不指望你刷碗，你还把水洒在了地上，弄湿了衣裳，快点给我出去！"

很少挨我批评的小雪，心里很难过，刚才享受玩乐的喜悦心情一落千丈，低着头走出了厨房。

我洗好碗后，经过客厅发现小雪坐在沙发上，默默地流眼泪。虽然我当时看着有些心疼，但又觉得女儿有些不可理喻，自己做错了事好像还显得很委屈。这样一想，我心里有气，就没有上前安慰小雪。

结果，整个一下午，小雪都一直闷闷不乐，独自默默地待在一边。我当时也没太把这件事情放在心上，直到吃过晚饭，我送女儿睡觉的时候，她才盯着我的眼睛，问了句："妈妈，你不爱我了吗？"说话的时候，眼里噙满了泪水。

听小雪这样说，我的泪水当即流了出来。怎么也没有想到，因为批评了女儿后，自己一时没有搭理她，竟然给孩子心灵造成这样大的伤害。为此，我自责了很长时间，所以每当想到这件事，都记忆犹新。

感悟点滴

> 孩子贪玩，这是正常现象，如果因此犯了些错误，父母可以批评，甚至用冷暴力来帮助孩子改掉错误。
>
> 但是，父母冷处理之后，一定不要忽略了孩子的内心感受，记得及时给予安慰，否则，孩子会十分伤心，甚至怀疑父母是不是还爱自己。这样的结果不但影响到亲子关系，对孩子的身心发展也不利。

我有了上次的教训，以后再碰到类似的事情，就加倍小心。

记得儿子小宇读幼儿园时，有一天我去接他。正要往家走时，他看到路上有一个小朋友拿着煎饼正在津津有味地吃。

小宇看着嘴馋，就对我说："妈妈，你给我买一个煎饼吧？"

"不买煎饼，你要是饿了，妈妈给你买别的食物好吗？"我不给儿子买煎饼。是因为以前我曾给小宇买过几次，他不爱吃，拿到手里尝一口就不愿意要了。现在看到别人吃着香，又想要，我才这样说。

"不，我就要吃煎饼。"小宇坚持自己的意见。

"我看你是不饿，既然不饿，咱们就回家。"说着话，我不顾小宇哀求，就往家的方向走，他一路哼唧着随我到了家。

我不是在意那几块钱，是不想让儿子养成浪费食物的习惯。

不过，我也清楚，这一路之上，儿子哭哭啼啼，我一直不理，会刺伤小宇那颗敏感的心。

所以，回到家之后，我把儿子搂在怀里，亲了一下他的小脸蛋说："小宇，你还记得上次妈妈给你买煎饼的事情了吗？你尝了一口就扔了。妈妈不是不想给你买，是因为知道你不吃，同时也不想让你养成随便浪费的习惯，你能理解妈妈吗？"

小宇本来就知道自己要求得不对，所以看到我主动拥抱他，立即转为笑脸，回亲了我一下说："小宇明白。"说完后，他自己欢快地去找零食吃了，很快忘记了刚才的事情。

感悟点滴

> 　　小孩子自控力比较差，看到别的孩子吃什么东西，即便自己不喜欢，也有可能经不住诱惑，想要。对孩子的这类要求，为了避免浪费，促使孩子养成良好的习惯，父母应该断然拒绝。
>
> 　　孩子因为自己的要求没能得到满足而伤心，父母可以暂时进行冷处理，但最后记得一定要安慰，给孩子一个拥抱，解释这样做的道理，让孩子知道父母时刻都接纳自己，孩子才能很快从消极情绪里走出去。

七、爱孩子，不讲任何条件

　　一个周末，表妹带着女儿小黎到我家。小雪和小宇陪着妹妹玩，小黎玩得开心，妈妈叫她回去几次都充耳不闻。

　　眼看着快到下午六点钟了，表妹走到小黎面前说："走，天黑了，跟我回家，再不听话，妈妈就不爱你了。"

　　表妹这样说，是为了让孩子回家的手段，因为我比谁都清楚，再也没有比表妹更爱孩子的妈妈了。

　　可是小黎听了妈妈这话，却害怕了，急忙伸胳膊拉着妈妈的手，抬起头说："妈妈，我跟你回家，别不爱我了！"言语神情中充满了恳求之情。

　　看到这一幕，我想，像表妹如此爱孩子的妈妈，说出这样的话，孩子就害怕，那么，本来对孩子就比较严厉的父母，若是讲出这样的话，孩子岂不是更加恐惧。

　　当然，父母这样说，可能对小一点的孩子会造成恐惧心理，但对大点的孩子，可能就会引起孩子的怨恨了。

前段时间，我收到一名初三女孩的邮件，她把标题命名为《恨》。我把信中部分内容，摘抄如下：

我恨父母，觉得他们根本不是爱我这个人，而是爱我的成绩。

每当我考试成绩进入了前五名，父母就对我喜笑颜开，给我张罗着做好吃的，买各种新衣服。若是哪次成绩没考好，他们就会对我横眉冷对。

记得印象最深的一次，因为偶尔失误，我的分数明显比平时低了很多，下降了好几个名次。我当时特别内疚，想向父母解释这次没有考好的原因。

可是，父母的态度让我十分寒心。尤其是妈妈，看到我就像仇人似的，见我经过她身边，还下意识地向一边躲。我当时就伤心地流下了眼泪，不由自主地从心底对父母产生了恨意。

我甚至觉得，有时候，父母还不如陌生人。如果是不认识的人，我要是因为一时失误，没考好，心里不舒服，向别人诉说一下，可能还会得到一番安慰。而在父母那里，收获的只能是指责、批评。

李老师，你说，我父母这样做对吗？哪个孩子不想做得更好呢，谁都有失误的时候啊，怎么父母就不理解这一点呢？我感觉自己的父母不是真的爱自己，我甚至有些恨他们！

感悟点滴

父母都爱孩子，这是毋庸置疑的，但是，父母说出的话和做出的事，有时候却让孩子感觉到父母爱自己好像是有条件的。不管父母这样说、如此做的目的何在，但不可避免地都会带给孩子伤害。孩子会怀疑父母的爱，疏远父母，甚至还会产生记恨心理。

上面事例中女孩的信，说出了许多类似孩子的心声，希望所有的父母看到后，都能从中得到启示。否则，优秀的孩子在父母表现出来的有条件的爱中，有可能也会变得不优秀。

我的姨妹林敏，比我小三岁，读书时期，从各方面来说，都要比我强。

可是，她却没有一个好的前途，现在是一个普工，每天干着很累的活，却还挣不到多少钱。

林敏之所以走到这一步，与她的父母有很大的关系。

记得那时候，只要逢年过节，聚在一起，焦点总是姨妹。因为她成绩好、能写作、身体素质好，人也长得漂亮，再加上小姨两口子当众不住地夸奖，姨妹不可避免地成为大家关注的对象。

就是我的父母，都曾说过要我向姨妹学习。

这样一个孩子，本应该前途光明，却因为父母表现不当的爱而毁了前途。

那时候，林敏各方面都不错，父母对她几乎是有求必应，如果比赛获得了名次，更是要星星不给月亮，要什么都答应。

可以这样说，只要林敏达到了父母所定的目标，她的任何要求，父母都会想方设法地满足。

因此在那段时间里，父母与孩子的关系显得亲密无间，经常一起说说笑笑地出去购物、旅游，十分令人羡慕。

其实，在这个过程中，林敏的心理压力已经逐渐加大，她害怕父母对自己好是有条件的，并担心哪一天自己因为表现不好，这一切都会失去。

结果怕什么就有什么，有一次，林敏被学校选中参加作文比赛，因为立意没选好，结果作文没获奖。

姨妈夫妻两个，对林敏的态度也大变，还进行冷嘲热讽，说一些"不争气、没出息"之类的话。甚至一连好几天，都不搭理这个女儿。

林敏本来就担心这些，没有想到很快就落在了自己身上。有从天堂一下子被打落到了地狱的感觉。不仅伤心、难过，自信心也受到了沉重打击，学习的积极性也严重受挫，并且出现自闭的倾向，喜欢独自窝在家里，见人也不愿说话。

就因为这一次打击，本来十分优秀的姨妹，成绩迅速下降，而且还有了心理方面的问题，最后高中没毕业就辍学了。

姨妈和姨父为此后悔万分，但一切都不可再挽回。

感悟点滴

父母都爱孩子没有错，可是有些父母，看到孩子的不足之处，就大肆批评，认为这样能够使孩子变得优秀、完美。

可结果却往往背道而驰，父母不能全面接纳孩子，会使孩子伤心、怨恨，甚至因此出现心理方面的问题。

父母爱孩子，应该不要带任何的附加条件。这样，孩子才会因感激父母努力而做得更好。

发生在姨妹林敏身上的悲剧，她的大姐林彩都看在了眼里，在自己教育孩子的时候特别注意。

姨姐林彩有个儿子小飞，现在二十五岁，开了一个修理电器的门面，生意做得十分红火。每当向我提起自己的儿子，姨姐总是笑得合不拢嘴，给人的感觉儿子就是她的骄傲，十分完美。

而事实上，小飞虽然从小懂事、孝顺，可是成绩十分糟糕，这在许多父母眼里，应该是一个不完美的孩子。

其实，姨姐也十分看重儿子的成绩，并积极地帮助儿子补习。或许小飞就是人们常说的天生不是上学的料吧，他虽然也很勤奋，但无论他多么努力，学习成绩就是不见提高。

姨姐知道儿子这条路走不通，便决定接受这个事实，还是像往常那样关爱孩子。

小飞初中毕业后，因为成绩差，没有继续上学。他对妈妈说想学修电器，姨姐知道孩子从小就对这个感兴趣，十分支持，主动掏钱给儿子报班学习。

两年后，小飞出师，自己开了一个修理电器的铺面。刚开始生意不景气，小飞有点后悔从事这个行业，甚至有了要放弃的打算。姨姐不仅贴补儿子，还鼓励他经营下去，说现在是因为新开的门面，别人也不知道技术怎么样，生意少也在情理之中。

就这样，小飞在姨姐的鼓励支持下，坚持了几个月。由于小飞的技术好，而且收费合理，很快生意就大有起色。

现在，小飞也结婚了，小两口特别孝顺姨姐，一家人生活得其乐融融。

我在想，如果当初，姨姐因为儿子小飞学习成绩差而讨厌他，那么，孩子怕是很难成为现在这样。

感悟点滴

父母与孩子之间，由于血缘关系，孩子本能地对父母有依恋的心理，而父母，也是无条件地爱着孩子。这样的情景在孩子小时候，彼此感受得最为深刻。而随着孩子年龄的增长，父母的要求越来越高，对孩子的爱也好像有意无意间增添了许多附加条件。

父母这种表现，会让孩子很受伤，两代人之间的感情也会因此淡漠、疏远，甚至彼此还产生了仇恨的心理，结果只能是两败俱伤。父母对待孩子，应该像他（她）初生时那样，无条件地去爱，接受孩子的不完美，即便孩子有明显的不足之处，还应像以往那样去爱孩子，尊重他（她）的选择，并大力支持。这样孩子没有太大压力，还会因为感激父母而努力，当然做得会越来越好。

第七章
避免以下不良教子方式

一、不以成人标准要求孩子

最近一段时间，我回忆来咨询的父母和孩子，大多都是因为亲子关系出了问题，甚至关系闹得很僵，几天都不说一句话。有些父母讲着讲着，还眼含泪水，觉得对孩子倾心付出，孩子不理解他们的苦心，为此感觉到委屈、伤心。

事实上，通过了解我发现，亲子关系的不和谐，主要是因为父母以成人的标准要求孩子，要求得不合理，而使孩子反感导致，结果影响了进一步教育。

可能，许多父母做了后都还不自知。

记得有一次，我去学校。路上看到一个三岁左右大的小女孩，跟在妈妈身后，一边小跑着跟着妈妈的步伐，一边嘤嘤哭着说："妈妈，等我。"

"快点，别磨蹭了，妈妈有急事呢。"走在前面的妈妈头也不回地说，好像没有减速，反而加快了脚步，全然不顾身后年幼孩子的哀求。

"哇哇、哇哇"，女孩实在走不动了，又见妈妈离自己越来越远，就索性一屁股坐在地上，放声大哭。

前面的妈妈看着女儿不走了，扭头转身，迅速地跑到女儿面前，脸色铁青着一把拽起女儿："你就磨蹭吧，把妈妈的事情耽误了，看怎么收拾你？"一边说，一边拉着女儿脚步快速地往前走。

小女孩几乎是被妈妈硬拖着身子往前挪，她的步子踉踉跄跄，挂满泪痕的小脸上，显示出无比痛苦的神情。

我看在眼里，心却跟着疼痛。一个三岁的孩子，刚学会走路不久，由于人小腿短，体力不够，走路速度慢，容易累，这是正常现象。

可是，她正常的行为表现，却在妈妈眼里成了磨蹭，还粗暴地硬扯着女儿往前走，看着着实让人心痛。

这次看到的事件，我想起了爱人的妹妹杨华纠正女儿发音的情景。

记得杨华的女儿小枫大概三岁时，基本的日常用语都能表达了，但说得却不清楚。杨华因为天天听这种童音，还能明白大概意思。但若换成了别人，却多半都听不懂。

有一次，杨华带着孩子到我家，在聊天过程中，我讲起了自己的儿子。小枫听见了，也学着说："儿几。"

"小枫，你说什么呢？"我弯下腰问。

"儿几"，小枫又愉快地说了一遍，我还是没有听明白，知道孩子小，由于发音器官以及其他方面的原因，还不能说清楚，因此就不再问。

杨华此时却感觉有些尴尬，蹲下身教女儿正确发"儿子"这两个音节，教了将近二十来遍，小枫每一遍都学了，但发音还是没到位，依然说"儿几"。

"别纠正啦，孩子刚学会说话，发的是童音，纠正也改不过来的。"我拉了拉杨华说。可是，她却没有就此停止，相反还为女儿学不出正确发音有些生气，冲着小枫嚷："你怎么这么笨呢！是'儿子'、'儿子'。"

小枫也想发出妈妈那样的音，她张着嘴，努力张口想发出准确的音节，但声音出来后还是"儿几"。

杨华此时，才知道自己费力教只能是徒劳无功，只好放弃。

感悟点滴

　　孩子在两三岁这个年龄段，由于各方面的客观原因，走路慢、发音不准都属于正常。父母不用刻意纠正，孩子以后自然就会慢慢走快了、说清晰了。

　　其他许多方面也是如此，父母只要做到顺其自然，随着孩子年龄的增长，身上存在的看似缺点、毛病，就会逐渐减少、消除。

我身为两个孩子的母亲，不可避免地也会时常拿自己的标准要求孩子。但儿子小宇的一句话，却经常在提醒、警惕着我，不能用自己的标准去要求孩子。

那是儿子小宇五岁时发生的一件事。

有一天，我带着他去小区广场玩。

小宇玩着玩着，一时心血来潮，走到我身边并列站好说："妈妈，咱俩比赛跑步吧？"

"好，咱们准备开始。"我支持的同时，迅速调整懒散的身姿，进入预备的状态，同时用手做了一个打枪的动作。

可是，刚要说开始。小宇突然出列站在我面前说："妈妈，我们不能这样比赛，这不公平。"

"小宇，说出来妈妈听听，哪里不公平了？"我笑呵呵地问儿子。

"妈妈，你想啊，你是大人，我是小孩，咱们俩站在同一个起跑线上，而且同时开始跑，就是你跑在我前面了，你也不能算赢啊！"小宇认真地说。

我听这话，没有想到儿子竟然如此爱动脑，想了这么多。我很开心，在小宇的脸蛋上亲了一下说："妈妈明白了，这样吧，为了公平起见，你跑，妈妈走，这样谁在前面就算谁赢，行不行？"

小宇听了，歪着头认真思考了一会儿，点了一下头说："这还算公平，就这样定下了。"

接着，我们约定了一个目的地，两人站在一起。我用手比画成枪的模样，嘴里发现"砰"的一声，宣布比赛开始。

小宇听到了，撒腿就往前跑。我有意紧走几步，紧跟着小宇的身后。儿子怕我超过他，使出全身的力气往前跑，但不大一会儿，就累得气喘吁吁。于是我放慢脚步，和儿子拉开一段距离。眼看就要到终点了，为了让儿子学着冲刺，我又快走几步，追上小宇。儿子急了，再次加紧前进，最终先我一步到达了目的地。

"妈妈，我赢了，你输给我啦。"小宇高兴，没顾得休息，转身对我说。

我朝儿子伸出了大拇指，他看着更加开心，情不自禁地哈哈大笑，看着儿子因为高兴而发红的小脸，我心里说不出的喜悦。

这次陪儿子一起出来玩，我觉得自己收获很大。其中，儿子开心是次要原因，主要是他那句"我是个孩子"的话，对我帮助很大。它时时提醒着我，不能用成人的标准去要求孩子。

记得小雪读小学一年级的时候，特别贪玩，一点都不爱学习。

一天，爱人把女儿从学校接回家，走在路上就和她商量，让女儿回家先完成作业，然后再出去玩。小雪虽然有些不情愿，但还是答应了。

回到家之后，爱人生怕女儿反悔，因此第一件事，就是摊开本子，问女儿老师布置的哪些作业，让她开始写。

小雪表现得也很配合，她告诉爸爸哪些是老师布置的作业，便开始低着头写，爱人也就放心地走进了书房。

可是，爱人刚离开一会，小雪就不安心了，她站起身朝书房看看，见没人注意自己，就蹑手蹑脚地挪到门边，小心翼翼地打开门，跑出门找伙伴玩去了，整个过程没弄出丝毫响声。

爱人看了一会儿书，想到正在写作业的女儿，就去了小雪的卧室。看书与作业本摊在桌子上，却不见了人。

当时，爱人还没有想到女儿是出去玩，他朝洗手间喊了几声，见没有回应，就知道女儿偷偷地跑出去玩了。他十分生气，憋着劲等女儿回来，准备好好地教训她一顿。

六点多，我从外面回来，在小区里看见小雪正与伙伴玩得欢，就喊她一起回家。

爱人一见女儿，伸手把她拉到身边，厉声喝问："小雪，你答应我先写作业，为什么作业没完成，又偷偷地跑出去玩了？"

小雪抬头瞧了一眼爸爸，又偷偷地看了一下我的表情，接着说："爸爸，我写了一会儿作业，累了，就出去玩会儿了。你知道的，小孩子都爱玩。"

爱人见女儿不仅不认错，听她的口气，好像玩得还挺有理，气得抬手要打孩子。

我急忙从后面拽了他一下，爱人见我阻拦，生气地瞪了我一眼，回到了书房。

"小雪，现在该去写作业了吧。"我弯腰对女儿说。

"好！"小雪答应着，走进自己的卧室。

我到书房找爱人，劝他说："不是我有意袒护孩子，孩子都爱玩，再说了，像小雪这么大的孩子，正是贪玩的时候，这属于孩子成长中的正常现象，并不是咱闺女有什么问题，哪能依成人的标准去要求孩子啊。再说了，你粗暴地去责怪、惩罚孩子，结果孩子伤心，会与你疏远，更加不会听你的话好好学习了，你说是不是？"

爱人见我说得在理，不再生气。而女儿，也在良好的心情下，很快把作业做完了。在我的理解和冷静处理下，这次眼看要起的家庭风波，有了一个好的收尾。

感悟点滴

孩子小，爱玩，做事情不能集中注意力，这些主要是由于孩子的生理特点决定的。父母不能以成人的标准去要求孩子，应该根据孩子的年龄段提出适当的要求并注意循序渐进。

事实上，许多时候，孩子身上所出现的一些正常的言行举止，父母若是从自己的标准看，孩子就是做错了，或者出现了问题。

而父母如果了解孩子的特点，尝试着从孩子的角度去理解他（她）所犯下的错误，对孩子就会减少许多不必要的责备，有可能父母还会惊喜地发现：曾经看起来浑身是问题的孩子，现在越看越懂事、可爱。

二、不要严教子、宽待己

几天前，我买了件新款式的衬衫，回家试穿后，有点紧，想到表妹比我身材瘦一些，应该能穿，当天下班后，就抽空给她送了过去。

事实如我所想一样，表妹穿上那件衬衫很合适，并且她又十分喜欢，我就爽快地送给了表妹，准备回家。

表妹拉着我手说："姐，你有段时间没过来了，好不容易来一趟，就多待一会儿吧，陪我聊聊天。小黎他爸经常成天出差，家里常常就我和孩子两个人，连个说话的都没有，怪寂寞的，你就陪我一会儿吧。"

听她这么说，我也不好意思再强行走，就索性留了下来。表妹给我沏上茶，又洗了一些苹果和梨，我们坐在沙发上，一边看电视，一边天南地北地聊了起来，同时嘴里还不停地吃着。

表妹的女儿小黎，也拿起一个苹果，坐在沙发上吃着，同时专注地看着电视节目。

"小黎，别瞧电视了，去看会书吧。"表妹见女儿也在客厅里凑热闹、看电视，叫她去学习。

说完这句话，又和我接着聊天。我们看到电视剧中的某个女演员，还就此谈了起来，讲她以前所拍过的电视剧，以及拍得如何等等。

这样过了一会，表妹发现小黎根本就没有动弹，心里生气，呵斥道："小黎，别看电视了，妈妈叫你去看书，听见没有？快点去！"

小黎不满地白了妈妈一眼，不紧不慢地说："不让我看电视，你为什么要看。你要是不看电视了，我才不看呢！"

表妹听后，更加生气，提高声音说："你这么小，倒管起老妈来了。你说你去不去学习？"小黎不服气，但敢怒而不敢言，只是拿眼睛瞪着妈妈。

我看到母女俩剑拔弩张的架势，急忙打圆场："好啦好啦，小黎别看电视了，去看书。妈妈和姨妈呢，也不看电视了。"说着话，我上前关掉了电视，小黎才瞪了妈妈一眼，走进了自己的卧室。

我转身看到表妹在深呼吸，看样子十分生气，就劝慰她："你别怪孩子不听话，她说的也不是没有道理。你看电视，却不让孩子看，她当然不愿意听从了。"

表妹看着我，深深地叹了口气说："现在的孩子，真是越来越难管了。要求她做什么，必须自己得先做好！否则孩子根本就不听。"

我听后，笑着说："你这句话说得对极了，确实如此！以后啊，你就这样去做吧！"

"唉！怕是真难做到啊！"表妹又深叹了一口气说。

"是啊，父母所做的事，孩子都看在眼里。父母忘记了，但是孩子可能还会记得。"我脱口而出这句话。是因为表妹的话，让我想起了前段时间，刚发生在我和女儿身上的一件相关之事。

我的女儿小雪，比较粗心，经常是丢三落四。

有一次，吃过早饭，女儿背着书包去上学，结果因为写作业，忘记了把本子放进了书包里。等到想起来后，已经快走到了车站，就急忙转身往家跑。还没到门口，看见我正要锁门，摆着手喊："妈妈，别锁门，我的作业本忘记带啦！"

"你这孩子，就是忘性大！"我忍不住说了一句。小雪听到了，进门时，意味深长地朝我笑了一下。当时，我还有些困惑，女儿怎么是这个眼神，这样的笑容，想着等会问问怎么回事。

没有想到，小雪拿着本子出来后，没等我问，就先说了："妈妈，你还说我呢，上次你上班时，却把教案忘在了家里，还记得吗？"说完这话，小雪还调皮地向我伸了一下舌头。

经女儿这一提醒，我立即想起了上周二早上发生的事情。周一晚上，我因为备课，把教案拿回了家。第二天早上没想起来，就直接去上班了。到了学校之后，才发现没有了教案，又急匆匆地回家去拿，结果给学生上课还迟到了几分钟。

我曾把这件事向女儿说过，但讲后自己就忘了，没有想到她却无意间记在了心里。

因此，听到小雪的话，我尴尬地朝她看了一眼，笑着说："丫头，真是大了，长心眼儿啦！妈妈呀，以后不再落下东西了，看你还说不说！"

小雪靠上前，拉了拉我的胳膊："妈妈，可别生气呀。放心吧，以后这个缺点我会有意识地去改正，向妈妈看齐。"接着，她冲我一笑，朝学校的方向飞奔而去。

"小雪，路上小心啊！"我见她着急，提醒说。

"知道啦妈妈，放心吧！"耳边传来小雪逐渐远去的声音。

看着她的背影，我陷入了沉思，父母教育孩子，往往会严教子，宽待己，这样的结果，还不像我和女儿小雪一样。因为，我毕竟是搞教育的，意识到了自己的错误，就会及时改过来，这样孩子也会跟着改正。

而大多数父母，却是知道自己某方面做错了，依然如故，却要求孩子不要那样去做，其结果可想而知，孩子根本不会听从。

这让我想起了姨表哥大林，他现在是个农民，和父亲一样，喜欢玩麻将。

这并不是因为父亲没有教导儿子好好学习，只是教导了，没有起作用。之所以这样说，是因为二姨父教育姨表哥大林的时候，我正好碰见。

记得那时候我也就十来岁，暑假的一天，妈妈带我去二姨家走亲戚。

刚到那儿，正赶上二姨父批评姨表哥大林："你现在正是学习的大好时机，不努力学习，却天天想着玩麻将，还想不想将来有个好生活了。"

"有麻将玩，就是好生活了。"大林小声嘟囔着，不服父亲的教导。

"你嘟囔什么呢，我的话你听进去没有，以后不能再玩麻将了！"二姨父好像也听见儿子说什么了，再一次强调。

没有想到，大林不仅不愿意听从，还扬起头，质问父亲："你自己就玩麻将，凭什么不让我玩啊？"

"儿子，你怎么不明白爸爸的心理呢，我现在玩，是因为年纪大了，以后生活也就这个样子了，玩是放松心情，是娱乐。你现在正年轻，老是玩耽误学习，会因此毁掉前途。"

"什么前途不前途的，我也觉得玩麻将能娱乐心情，一直这样生活下去就挺好。"大林说。

"你这孩子，是存心想气我不成！"二姨父生气地脱掉鞋要揍儿子，大林跑开了。

一晃二十多年过去了，大林的麻将照打不误，二姨父见说儿子不听，也只好作罢。大林因为成绩不好，初中毕业就下学种田了。抽空呢，便去玩玩麻将，重复着父亲的轨迹生活下去。

感悟点滴

父母都希望孩子将来好，为此谆谆教导，甚至因此磨破了嘴皮，但孩子好像是没有听到似的，还是依然如故。

这时候，父母就需要检查自己的言行了，看自己是不是哪里有严教子、宽待己的行为，如果有，及时先改正，再去要求孩子，他才会乐意听从。

否则，父母要求孩子不要这样那样，而自己却这样那样地做着，孩子根本不会听从，甚至会因此顶撞父母，导致亲子关系疏远，教育也就无从谈起。

三、不用非常的手段打探孩子的隐私

我们都知道，孩子大了，心里藏有秘密，不愿意向别人甚至父母轻易透露这些隐私。而父母，也不应该用非常的手段打探孩子的隐私。事实上，就是孩子小时候，父母也不能想当然地随便乱动孩子的东西。

记得女儿小雪五岁左右时，一天，我把她从幼儿园大班接回家中。

"小雪，今天学了什么东西，老师有没有布置作业？"我说着话，就开始翻女儿的书包。

"妈妈，不要乱动。"小雪正在玩，见我翻书包，喊着跑到我身边，并一把从我手中夺下了书包。女儿这样的行为，还是第一次，我有些诧异又好奇地问："小雪，书包里有别的什么东西吗？"

"没有！"小雪用手护着书包接着说，"但我觉得你动我的东西，应该提前问我是否同意，不问就开始翻我书包，是侵犯了我的隐私权，不应该这样。"小雪说完这些，坏笑着盯着我的脸看反应。

初听这话，还别说，我还真被小雪这些话吓了一跳。在此之前，我一直想当然地认为，孩子小，没有什么秘密、隐私，父母动孩子的任何东西，也不必忌讳。现在忽然听到女儿说出这个词，而且有了保护自己隐私的意识，我实在是吃了一惊。

与此同时，我也更为好奇，心想：小雪的书包里，今天肯定藏着什么秘密！我急着看，想到刚才女儿说的话，又不便不问就翻。

"小雪，你刚才说，动你的东西，要先征求你的意见。妈妈现在想看看你书包里的东西，你同意吗？"

"妈妈，我同意了。嘿嘿。"小雪把书包递给我。

我急于想知道她书包里藏有什么东西，就快步走到桌子前，拿起书包，把里面所有的物品都倒在了桌子上检查。

结果令我大失所望，小雪的书包里，和平常一样：有盛笔的文具盒，有写字的本子和课本，另外还有一瓶矿泉水，并没有找到特殊的东西。

"小雪，今天你听谁说'隐私'二字了？又怎么知道隐私不能侵犯啊？"

"老师讲的啦，她告诉我们，以后进别人的屋要敲门，也不能不问就翻别人的东西等等，说这样做侵犯别人的隐私。"

听了女儿这些话，我才恍然大悟！这件事情提醒了我，以后我再动孩子的物品，都提前打声招呼。

感悟点滴

孩子不管大小，其实都有隐私，只是在孩子小时候，父母和孩子都没有意识到而已。

父母越早尊重孩子的隐私，孩子就会早知道不能侵犯别人的隐私。

作为父母，不要理所当然地认为孩子没有秘密，就随便翻动孩子的物品。而应该以身作则，在动孩子的物品之前，先征得孩子的同意。而孩子长大了些，父母更是不能随便侵犯孩子的隐私，否则很可能会导致孩子产生怨恨的心理。

上个月的一天，我收到一个女孩的邮件，讲的就是这类事件，我把信的内容摘抄了下来：

李老师：

　　您好。我叫小菲，今年十五岁，读初二。我现在，一刻都不愿意在家里待，觉得到处都是父母的眼睛，在这样的环境下生活，我几乎就要窒息了。

　　上周，我无意间发现自己的日记被人动过，想着可能是父母偷看了，就找他们问。可是，父母你看看我，我看看你，同时摇头说没有碰过。但从他们的神情里，明显看得出来，就是他们翻看了。

　　如果父母说因为想了解我的情况，承认自己看了，我心里还会好受些，但他们却斩钉截铁地说没看，还讲想看的话，会先征求我的同意，否则不会偷着看。

　　我不相信他们的话，为了抓住父母偷看的把柄，我暗地里在日记本里夹了一根头发，每晚都打开检查。

　　三天后，我仔细翻开日记本时，发现自己放进去的那根头发不见了，知道父母必定又偷看了我的日记。我又去找父母质问，他们开始还是不承认，后来我说自己在日记本里放了根头发，现在头发不见了，肯定是他们偷看了。

　　妈妈见搪塞不过去了，就不高兴地说："我是看你的日记，可那是因为关心你，把你从巴掌那么小一点，养成这么大，黄毛还没干，就不让人管了，以后还能得了？"

　　听到这话，我感觉自尊受到了极大的伤害，扭转身回到卧室，反扣上门，扑在床上放声大哭。哭累了，看着手里一直握着的日记本，又忍不住伤心起来。为了让妈妈以后再偷看不成，我发誓今后再也不写日记了，并把日记本一页页地撕下来，点火烧了，看着火苗吞噬着我曾经的心事，真好像是在送别自己……

　　这件事过后，我看到父母心理就压抑，真想离家出走，不再见到他们。

　　李老师，你最理解我们这些孩子了，想办法救救我吧！

小菲

　　看完小菲的这封信，我的心隐隐作痛。当即，我给她回了封信进行安慰，并跟孩子要了他们家的住址。

　　我按照地址，给小菲的父母写了一封信，告诉他们孩子的隐私也受保护，并告诫他们要学着尊重孩子，不能再用非常的手段打探孩子的隐私，否则，即便知道了孩子做什么，结果却让孩子产生怨恨心理，得不偿失。

　　小菲的妈妈很快给我回了信，说自己为先前的行为后悔，以后再不会做类似的事。我希望，父母改变后，小菲的心情能快点好起来，早与父母和好如初。

感悟点滴

　　　孩子小时候，父母希望他快点长大，而随着年龄的增长，到了青春期，父母又担心孩子学坏了、早恋……

　　　为了探求蛛丝马迹，父母偷翻孩子的日记，查看孩子上网聊天的记录等等，结果导致父子反目、母女成仇，这样的事例屡见不鲜。

　　　父母担心孩子不学好，这能理解，但绝对不能把这当理由去偷看孩子的日记、查看孩子的手机、偷听孩子的电话等等。这容易引起孩子的反感，导致亲子关系越来越疏远。

　　　如果此时，父母能意识到自己的错误，及时向孩子道歉，或许还能使事态向好的方向转变。

　　一天，我在路上碰见了朋友孙良，闲聊了几句，我见他愁眉不展，就问孙良遇到了什么烦心事，他摇着头叹息着说："我这个儿子，太不让人省心了！"

　　"小明又怎么惹你生气啦？"我调侃着问。

　　"你不知道，我儿子现在都一个星期没有和我们说话啦！光这样还不算，每天去上学，还把门给锁上，好像防贼似的防着我和他妈，你说这事闹心不闹心！"

　　"怎么了，是不是你们乱动了孩子的东西？"我问。

　　"嗨！最近一段时间啊，我发现小明特别爱照镜子，对自己的着装打扮也比以前注意多了。我和妻子怀疑儿子早恋了，为了证实自己的猜测，就偷翻了孩子的日记，没想到正好被儿子放学后发现，结果就成这样了。"

"找到什么了吗？"我问。

"还没有看见，就被儿子发现了。这倒好，再想看，都没有机会了。"孙良摊了一下手说。

"我能理解你的心情，想知道孩子的情况，但这种做法，即便明确知道孩子谈恋爱了，能制止住吗？在如此糟糕的关系下，孩子会听从你们的教导吗？"我问。

"不会！"孙良想都没想就如此回答。

"其实吧，孩子到了青春期，对异性有好感正常。作为父母，没有必要成天的担惊受怕，更不必用非常的手段打探孩子的隐私。"我由衷地说。

"那，那该怎么做？况且我们和孩子的关系现在是非同寻常，小明都不愿搭理我们啊！"孙良发愁地说。

"你和爱人，首先就偷看儿子日记一事，主动向孩子道歉，待亲子关系有所缓和之后，与孩子聊天的过程中，顺便谈起恋爱这个话题，一来能打探孩子的情况，二来有针对性地进行正确引导，若是不知道该怎么做，随时问我。"

孙良听了，点头赞同。

过一段时间，他给我打电话说："按照你的建议，果然效果非同小可。儿子没有早恋，只是有了倾慕的异性。我呢，不但没有批评孩子，还和他分享了自己读书时暗恋班里女同学的事情。说自己当初之所以没有娶上那位倾慕的女孩，就是因为当时成绩差，别人没看上。我劝儿子努力学习，并说只有这样才可能打动女孩的芳心。从那以后，小明就把心思用在了学习上。"

听到这个好消息，我也为朋友开心。

感悟点滴

孩子随着年龄的增长，心中肯定会埋藏着一些小秘密，这是孩子逐渐长大的标志。父母没有得到孩子的许可，不要用非常的手段打探孩子的隐私。

　　想知道孩子的情况，可以对孩子多一些关注，及时发现细微的变化，并主动了解孩子需求，并给予满足，这样多亲近孩子，才能有一个良好的亲子关系。

　　在此基础上，父母若发现孩子有了早恋的苗头，或者打游戏、逃课等不良的行为，千万不要用堵截的方式想去杜绝，首先要与孩子在思想上找到共鸣，其次进行正确的疏导，这样孩子不反感，才会主动朝着父母期望的方向转变。

四、莫把自己的愿望强加给孩子

　　上个周末，有一位母亲，硬扯着一个只有十来岁的男孩，走进我的咨询室。

　　"李老师，我来这里咨询一下。以前，儿子的学习成绩还行，每次考试都能进班级前十名。可是慢慢地，成绩越来越差，我也不知道原因出在哪里？你帮我分析一下。"刚进门，这位母亲就迫不及待地说。

　　"孩子，告诉阿姨，学习中是不是遇到了困难？"我问一脸不高兴的孩子。小男孩定定地看了我几秒钟，摇了摇头。

　　"儿子，李老师问你呢，说话。"母亲没注意到儿子摇头，上前拉了一下他的衣袖说。我注意到，小男孩见母亲拉自己，用力地甩了一下胳膊，看样子对她极其不满。

　　"孩子，你能不能告诉阿姨，成绩下降的原因？"我进一步追问。男孩看了母亲一眼，没好气地说："我没有学习兴趣，也不想考好。"

　　"什么？你说你故意不考好，是不是？"母亲听儿子这样说，咬牙切齿地问。

　　小男孩怒视着母亲，一声不哼。

"孩子，老师知道，你肯定有什么委屈，是吧？"我一步步引导男孩。他听我这样说，"哇"的一声大哭了起来，眼泪像断了线的珠子，一改刚才盛气凌人的态度。

我走近男孩，给他擦眼泪，好言安慰。

过了好大一会儿，男孩情绪稍微平息，他抬起头说："我本来对学习的兴趣很高，成绩也一直很好，可是妈妈总觉得这还不够好，没经过我同意，就做主给我请了家教。从那时开始，我对学习的兴趣就开始降低，考试时，还故意做错题，报复妈妈。"

男孩说话的声音很低，但每个字都讲得十分清楚，我听得十分清晰。

"孩子讲的话，你听见了吗？"我明白了孩子成绩退步的原因，虽然明知道，孩子的母亲也一样把儿子的话字字听到了耳朵里，为了强调，还是如此问。

"听到了，我真是没有想到，原来孩子是这种心理。不是成绩真正下降就好了。"男孩的妈妈又后悔又庆幸地说。

"作为父母，我知道你一心为孩子着想，但不能把自己的愿望强加给孩子，只有尊重孩子的意愿，不要剥夺他玩的时间，孩子才可能转变学习的态度，这才是保证成绩稳定上升的关键所在。"

男孩的妈妈听了，急忙点头说："李老师说得对，我回去之后，就把那个家教老师退掉。"

听妈妈说出这样的话，男孩紧锁的眉头立即舒展开了。

感悟点滴

父母都希望孩子将来成为一个出类拔萃的人，为此督促孩子学习，甚至给孩子找老师补习功课。

这种迫切望子成龙、望女成凤的心情，可以理解。但如果父母因此不顾孩子的意愿，想当然地加重孩子学习的负担，非但得不到想要的结果，还可能与自己的期望背道而驰，甚至影响到亲子关系。

　　身为父母，不要想当然地给孩子找补课老师，更不能为孩子安排今后的道路，即便自己这样做确实有许多可取之处，但充其量，也只是作为建议供孩子参考，绝对不能强迫孩子按照自己的意愿去做。否则，很可能会把亲子关系弄僵。

　　前段时间，和我走得最近的一位小学老师，给我打来了电话，急切地说："小李啊，你对青少年问题有经验，快帮帮我吧。"

　　"老师，怎么了？孩子出现了什么问题？"我问。

　　"唉！现在的孩子，真是越来越不听话了。"电话中传出叹息悲伤的声音。

　　"发生了什么事？"见老师如此难过，我迫切地问。

　　"我儿子今年该考大学，我和他妈妈呢，都希望孩子报师范学院，出来后当个老师。这样孩子将来的工作稳定不说，在上学期间还能节省一笔开支。可是，我这个儿子，喜欢打游戏，一门心思地想报计算机专业，将来从事编程方面的工作，还说要编很多好玩的游戏。为填报什么学校，我们一直相持不下，后来儿子竟然问我'是你上还是我上，你上由你做主，我上就得让我决定'。唉！真是气死我了！"

　　老师一口气讲完这些话，又开始叹气。

　　我听后，没有多想就说："老师，你可以把自己的建议以及所有的想法说出来，供孩子参考。但是，最终，还是应该由孩子自己决定。因为孩子最了解自己，知道自己的兴趣所在，再说了，孩子走自己选择的路，才会心情顺畅，也更容易出成绩。你就不要再与孩子较劲了，否则孩子难过，你心里也不好受。"

　　老师听从了我的建议，没有再逼迫孩子按照自己的愿望报考师范学校。

感悟点滴

　　　父母对孩子的愿望，出发点当然都是好的，其中有可能也是正确的。但即便如此，如果孩子反对，父母也不能把自己的愿望强加到孩子身上。

　　　因为孩子是独立的个体，随着年龄的增长，他拥有自己决定将来的权利。父母不把愿望强加给孩子，是对孩子的尊重，孩子开心不说，独立自主的能力也会随之提升。

可是，由于种种原因，许多父母总是把自己的愿望强加到孩子身上。

我的同学王冰，也是其中的一位。

王冰人长得漂亮，身材又好，从小就喜欢跳舞。那时候，一到元旦，晚会上肯定有王冰的舞蹈节目。她那曼妙的身姿，不但让欣赏的人身心愉悦，而且她也沉浸其中，快乐无比。

因此，王冰从小的理想，就是能走进艺术学校，将来成为一名舞蹈家。

世事难料，结果天不随人意，有一次王冰在一次车祸中伤了左腿，治疗后走路都有些费劲，根本就不可能再继续跳舞了。

但王冰要在舞台上展示优美舞姿的愿望，却没有熄灭，她想在女儿小玲身上延续下去。小玲刚会走路时，王冰就给她报了舞蹈班。她希望女儿将来能成为一名舞蹈家，以此来实现自己的夙愿。

小玲这孩子，可能是遗传了母亲的基因，对节奏感把握得很到位，舞蹈动作也是一学就会，老师都夸奖她是跳舞的好苗子。而小玲自己，也是像妈妈一样，比较爱好跳舞。

按理说，这样一个孩子，如果顺其发展，将来说不定真的能成为一个舞蹈家。

可惜的是，因为王冰太盼望女儿将来能成为舞蹈家了，对她跳舞的要求，是严上加严，只要看见女儿一个动作不规范，就会责骂，见女儿休息，就会强行拉起她再次练习。而对小玲的舞蹈，却从来没有夸奖过一次。

时间一长，本来对舞蹈还算感兴趣的小玲，受不了母亲这种折磨，再也不愿意跳舞了。

感悟点滴

有一些父母，因为自己的理想没有实现，感到遗憾，便想在孩子身上延续。不管孩子是否对自己喜欢的方面感兴趣，都强求孩子往这方面发展，这样做很难有什么收获。

即便孩子爱好这方面，父母也千万不能太严格地要求孩子，如此做只会让孩子失去继续学习的兴趣，结果也是得不偿失。

五、避免拿孩子与人不当攀比

我的同学张茜，上个月打电话说："我发现小涛最近无精打采，感觉好像有些自卑。做什么事情，也好像没有自信似的。不知道怎么搞的，你抽空过来一下，看看是什么情况。"

听了此事，我抽了一个周日赶了过去。到那时，发现张茜的儿子正在写作业。

"小涛，这么用功啊？"我先跟孩子打招呼。

"阿姨好！"小涛叫了我一声，又低下头写作业。

"你怎么没有把小宇带过来玩啊？"张茜问我。

"小宇没在家，和同学一起打球去了。"

"嗨，小宇这孩子，就是让人疼爱，不像小涛，什么活动都不想参加，几乎没有什么业余爱好。"张茜看了一眼儿子，叹了口气说。

我注意到小涛把头低了一些，因此说："小宇贪玩，不像小涛这么用功。"

"用功但成绩却不好，听说小宇在班里一直没下过前十名。这孩子，真是聪明，学能学好，玩也能玩好，就是比小涛强。"

此时的小涛，把头放得更低了，几乎挨着了桌子。我朝张茜使了一个眼色，示意她不要再说下去，同时急忙夸赞小涛："小涛听话，温顺，还知道心疼人，挺好的啊！"

"你还夸小涛呢，若是他有小宇一半那么好，我就知足了。"张茜不管不顾地说。

"呜、呜……"小涛趴在桌子上，哭了起来。

"小涛，你怎么啦？"王茜见儿子哭了，走到他面前问。

"妈妈，你总是说我不如别人，是不是不爱我了？"小涛抬起头，带着哭腔说，眼睛里还噙着泪水。

"不要瞎想，妈妈一直很爱你啊！"王茜安慰，但我看到，小涛却依然不开心。

我想，在他的心里，可能觉得妈妈总拿自己与别人比较，而且次次都是夸奖别人好，真认为妈妈不再爱自己，并因此变得无助、自卑。

因此，私下里我告诉张茜："孩子敏感、脆弱，千万别再拿他与别人进行比较，不要在当着孩子有心或者无意间夸别的孩子好。否则，孩子会变得更加自卑，影响身心健康。"

张茜接受了我的建议，从此后不再随便拿儿子与人比较了。

而小涛也因此变得开朗自信多了。

感悟点滴

生活中有许多父母，因为想让孩子变得完美，所以看到或者听说其他孩子的长处，就不自觉地去拿孩子的不足之处进行比较，想以此激励孩子奋发图强，朝着更好的方面发展。

而结果却往往事与愿违，因为总拿孩子的缺点去比其他孩子的优点，不仅难以收到效果，还容易伤害孩子的自尊，使他变得自卑。

其实，不管是刻意拿自己孩子的短处与别的孩子长处去比较，还是两个孩子在一起时，不经意的相比，其结果都容易使孩子受伤，甚至对父母产生抵触的情绪，影响亲子关系的和谐。这样的事情，我亲眼看到过。

记得女儿小雪六岁左右的时候，朋友王云带着女儿小燕到我家玩。女儿小雪和小燕同岁，孩子见孩子，很快打成了一片，两个人玩了一会儿布娃娃，又开始拿起画笔画画。很快两个孩子就画了几页图。

小雪拿着自己的画说："小燕，你看，这是小矮人，这个长头发漂亮的女孩，就是白雪公主，我画的是《白雪公主和七个小矮人》。"

"我也知道这个故事，以前听过，现在忘记了，要不，你再给我讲一遍？"

这正是女儿的长处，她哪里会放过这个发挥的机会，立即眉飞色舞地讲了起来："白雪公主是皇帝的女儿，她有一个后妈，长得很丑……"

小雪绘声绘色地讲着，小燕听得津津有味。

"你讲得真好啊，和我们老师讲得差不多。"小燕听完夸赞小雪。

"今年六一儿童节，老师说要让我讲故事给同学们听呢，他平时总夸我知道的故事多。"小雪听到夸奖，得意扬扬地说。

随后，她好像想到了什么，接着说："小燕，你也给我讲个故事吧。"

"我讲得不好，还是算了吧。"小燕推辞。

"小燕，你讲故事怎么不如小雪啊？知道自己不如小雪，以后要多向她学习呀！"王云笑着说。

本意是想让女儿像小雪学习，吸取经验，提高讲故事的水平。只是她这样一个不经意的比较，却激起了小燕的不满。

她仰着脖子，生气地反问妈妈："李阿姨是教育家，能写文章，你为什么不能？"

王云一下子脸红了起来，她也没有想到女儿会如此犀利地辩驳，尴尬地看了我一眼，一脸的无奈。看到她这个窘态，我强忍着没笑出声来。同时叹服小燕这孩子思维敏捷、反驳得有力。

感悟点滴

世上没有两片完全相同的树叶，同样，每个孩子也都是独一无二的个体。由于人与人天生禀赋不同，后天的学习环境也不一样，根本没有可比性。

父母拿孩子随便进行比较，不科学也不负责。不但容易比掉了孩子的信心，还会抹杀孩子的进取心，影响亲子间的关系。

作为父母，一定要尽量避免拿孩子与别人进行比较。

当然，即便父母不刻意去拿孩子与别人进行攀比，但由于社会中，只要有人的地方，几乎处处都存在着明着暗着的竞争。

孩子身在其中，又加上不可能方方面面都强，很多时候，就会被比下去，这时候，作为父母，不仅不能责怪孩子，还需做好思想工作。

记得儿子小宇四岁左右的时候，有一次，我带着他下楼玩。刚好小区健身的地方有一群孩子在玩，小宇很快加入了其中，我便站在一边观看。

这群孩子开始玩猫捉老鼠的游戏，后来不知道谁出了个主意，说要比赛谁跑得快，所有的孩子都积极响应。

其中，一个最大的孩子确定好始点终点之后，其他孩子都列队站好，由那个大孩子发号口令，说到三后，一起往前跑。

小宇是孩子中间年龄最小的一个，跑得也最慢，别的孩子都到了终点好大会了，小宇才气喘吁吁地到了那儿。

看着别的孩子举手欢呼，庆祝自己跑得快。小宇刚才的高兴劲也一扫而光。他沮丧地走到我面前。

"儿子，怎么啦？"我问。

"妈妈，我跑了最后一名。"小宇说这话的时候，眼泪几乎都要流了出来。

"儿子，你看那些孩子，哪个年龄都比你大，跑在最后，也是情理之中啊。你说是不是？"小宇回头看了那些孩子一眼，确实如我说，点头称是。

我接着又进行开导："当然，咱们不能以自己小为理由，跑慢了，咱以后就加强锻炼，不断地提高速度，争取赶上去，超过他们。要知道，输了难过不会起一点作用，只有奋发进取，才会有进步，下次才会有机会取胜。"

小宇听了这些话，虽然还不能完全听懂，但心情却好了许多，他展开笑颜，拉着我的手说："妈妈，我现在就要加强锻炼，你陪我。"

"好，咱们现在就开始锻炼。"说完话，我和儿子一起，转着圈跑了起来。

感悟点滴

父母教育孩子，不要随便拿孩子与别人进行攀比。

与此同时，在孩子与别人进行比赛出现失利时，作为父母，要温言抚慰孩子，还应该及时引导，使他尽快恢复信心，努力进取。

只有这样，孩子在无处不在的竞争中，才能取得更多的胜利。

六、不能朝孩子泼冷水

听妈妈说，小时候的我，也没有多吃什么，但总是比同龄孩子长得快、高。这个我有印象，从上学开始，排队时，我都是站第一。

不知道是由于身体壮实，才喜欢运动，还是我天生如此，凡是对玩的项目，什么都喜欢，比如踢毽子、跳绳、扔沙包等等，几乎样样拿得起，放得下。

因为比较喜欢运动，体育成绩也不错，跑步、跳高、扔铅球等都行。

记得上初一时，学校开运动会，我积极报名，还天天练习，希望能在运动会上取得名次。

结果没有辜负我，运动会上我在跳高上取得第二名，四百米跑步项目，得了第三名，扔铅球是第二名。

体育老师建议我："李启慧，你的身体素质不错，如果多加练习，再掌握一些技巧，肯定会有更好的成绩。以后当个职业运动员，我看你都行！"

我呢，本身对运动就比较喜欢，听了老师这话，当然十分高兴，放学后急忙跑回家，把这个好消息告诉了父母。

妈妈听后喜上眉梢，夸我说："没想到我家启慧还有当运动员的天分呢。"

我听后，开心地回答："那是当然啦！"

可是，一向只关心我学习的爸爸，听了却不以为然地说："体育好，能当饭吃吗？有多少人能靠运动吃饭？启慧呀，这条路走不通，你也不用想，设法把你的学习成绩提高，将来考个好大学，比什么都强！"

父亲的话犹如一盆冷水，立即浇灭了我的热情。受到打击的我，从此后，很少参加运动会，也不像先前那样热爱运动了。

现在回想起来，都有些遗憾。我想，当初如果不是父亲给我泼冷水，说不定我还真成为一名出色的运动员呢！

感悟点滴

一些父母，想当然地认为孩子唯有考上大学才有出路，因此孩子擅长做什么，或者想要做什么，个人觉得那样行不通，就不顾后果的泼冷水，打击孩子的自信心，失去了继续前进的动力。

父母这样做，很可能就会把孩子某方面的潜能埋没。作为父母，应尽可能支持孩子的爱好，尽量避免类似的事情发生。即便是孩子不擅长之处，若是他想要学习，父母也不能直接给孩子泼冷水。

我有一个同学，名叫陈玫，她的女儿小雯，今年八岁，因为过于能吃，身体比较胖。

有一次，陈玫带着女儿来我家玩，因为大人聊天，小孩子插不上嘴，而小雪和小宇正好出去了，小雯就一个人安静地看电视。

当时，某台正在播放舞蹈节目，小雯盯着电视，兴趣盎然地看着。

我注意到她这个表情，笑呵呵地问："小雯，喜欢舞蹈节目啊？"

"阿姨，我不仅喜欢看，还爱跳呢。"小雯说着话，站起身，学着电视中的舞蹈演员，来回扭动着身子，来到我们面前，对着陈玫说："妈妈，我也想学跳舞，你给我报个舞蹈兴趣班吧？"

"就你这身材，还想学跳舞，你照照镜子，扭动起来像个大熊猫似的，学舞蹈还不够丢人的。"陈玫看着女儿正在晃动的身体，带着嘲讽的口吻说。

我注意到，小雯的动作立即僵在了那儿，她怨恨地看了妈妈一眼，走到一边，默默坐下来。

"你还不高兴，我说的是不是……"

听陈玫还要说下去，我急忙拉了拉她的胳膊，努嘴让她仔细看女儿，此时的小雯眼圈发红，看样子眼泪就要流下来了。

　　陈玫见了，便不再言语。我急忙和她聊起了别的话题，但是心里却一直想着刚才发生的那一幕。

　　说实在的，小雯因为身材胖，跳舞实在不好看。但是，孩子只是说喜欢，想学，并不是要将来从事这个职业，作为父母，不应该给孩子泼冷水，这样很容易就会伤了孩子的心。

　　确实也是如此，自从陈玫说过女儿之后，小雯一直到离开我家时，都没有说一句话。

　　过了几天，陈玫给我打电话时还说："小雯这孩子，还挺有骨气，自从那天说她几句，到现在都还不愿意搭理我呢。"

　　我安慰她："没事，过段时间就好了。以后，你记住不要这样说孩子就行啦！"

　　虽然这样说，但我心里清楚，即便小雯表面上与妈妈和好如初，在心理上，永远都会留下疤痕，甚至会成为一生的隐痛！

　　实际上，遇到了这种情况，父母没有必要朝孩子泼冷水，应该学会引导。这样的事，我在教育自己的孩子时也遇到过。

　　女儿小雪，有可能是遗传了我五音不全的基因，唱歌总是跑调。

　　可是，她却从小就喜欢唱，天天有空就叽叽呀呀，也不知道都唱些什么。不仅如此，看到别人学弹琴，也向我提出要学。我知道女儿即便学，也不会有什么成绩，还恐怕她学不好对自己失去了信心。

　　但是，我又不能直接拒绝女儿，那几天就想着如何对女儿说。

　　有一天，女儿画了一幅春景图，高兴地拿给我看："妈妈，你看我画的画？"

　　我接到手里认真地看着：画中有清澈的河水，岸边还有红色的小花，青青的小草，还有温暖的太阳。女儿这幅画，画得实在是不错。我觉得小雪如果学画画，应该会比较快，而且她也喜欢。

　　于是，我灵机一动，把小雪叫到面前说："女儿，你这幅画画得太好啦，不但想象力丰富，而且用的色彩、布局都合理。妈妈认为，如果你要报绘画班，肯定进步很快！"

　　"那好啊，你给我报个绘画班吧。"小雪拍着手，高兴地说。一时间，忘记了要学钢琴的事。

我趁热打铁，那个周末，便给女儿去报了绘画兴趣班。

小雪上了几个星期课，绘画的水平果然如我所料，提高了很多。

可是，也因为听人说，又想起了学钢琴。我委婉地对她说："小雪，你周一到周五需要去上课，周六呢，还要去学绘画，应该留一天休息的时间，要不然，也太累了，学习钢琴的事呢，以后等掌握了绘画的技能后，再去学钢琴也不迟。你说是不是？"

女儿听我说的在理，而且她也是贪玩，当然想着要留下玩的时间了，所以就爽快地同意我的安排。

就这样，我没动声色，就把女儿引导到她优势方面去了。

感悟点滴

孩子只要喜欢，不管是否擅长，哪怕是根本一点不适合，父母也不能直接朝孩子泼冷水，那样很容易就会刺伤孩子敏感的心，若再想缓和亲子关系，将会比较困难。

如果父母觉得孩子实在不适合学习什么，而孩子又想做什么，可以委婉地说，并把孩子引导到优势所在之处，让孩子发挥出自己的特长，这样亲子关系不但和谐了，同时还能促使孩子得到更好的发展。

七、别公开批评孩子

去年快放暑假的时候，小雪学校开家长会，我抽空前去，与她同学小丽的母亲坐在了一起。

"这是你的孩子吧？"小丽的母亲看着我身边的小雪问。

"是啊，小雪，叫阿姨。"我回应着，并让女儿打招呼。

"阿姨好！"小雪笑着说。

她答应了一声，急忙对身边的女儿说："小丽，快叫阿姨。"

"阿姨好！"小丽也礼貌地说。

我们正在下面相互打招呼，小雪的班主任已经走上了讲台，他清了清嗓子说："大家静一静，现在开始开会。"

我率先停下来，安静地听着，其他的家长和孩子，也都闭上嘴，等着老师讲下文。

"各位家长，今天让你们过来，一来是要把孩子在校的学习情况给你们汇报一下，二来想让你们在假期中，督促一下孩子，把暑假作业做完，并且注意对孩子的安全方面要多加注意。"

接着，他便把每一个学生的学习情况，以及在校的表现，简略地讲了一下。重点提到的是那些成绩好的学生和学习落后的学生。小雪，因为成绩优良，又是班干部，其他方面表现也很好，受到了班主任的大力赞扬。

而小丽，因为成绩差，劳动又不是很积极，老师也多说了几句。

家长会很快开完，小丽的母亲看到小雪那么优秀，得到了老师的表扬，而自己的女儿却被老师点名说成绩差、劳动不积极，她心里很不是滋味。

一散会，小丽的妈妈就当着我和小雪批评女儿："你看看你，再瞧瞧小雪，为什么她那么优秀，你却各方面都不行。不缺胳膊少腿，没比别人少吃饭、少穿衣，怎么就这么笨！真让……"

"这么多人，别说啦。"我急忙拉了拉她的衣袖阻止。

本来听老师那样说自己，小丽心里就已经难过，现在又见妈妈当着别人面指责自己，她再也控制不住悲伤，无声地流下了眼泪，抽噎声也越来越大。

小丽的妈妈见我劝阻，女儿又伤心地哭泣，她抿了抿嘴，没有再说下去。

感悟点滴

> 许多父母，不自觉喜欢拿自己的孩子与别人进行比较。若是发现别的孩子优秀，就忍不住当场批评自己的孩子。如此做的结果，除了使孩子伤心外，一点起不到激励的作用。
>
> 若是碰到性格刚强的孩子，还可能会当场顶撞，使自己也陷入尴尬的境地。

有次周末，我去朋友王云家，她的女儿小燕正好也在，看我去了，急忙沏茶，并双手把杯子递给我。

"小燕真懂礼貌，现在的孩子，像她能做到这样的已经很少了！"我由衷地称赞。小燕得到了我的肯定，满面笑容。

"嗨，懂礼貌管什么用啊！要是成绩好，那才管用呢。"我听到这话，忙朝她使眼色，但王云没看见，还一个劲地说，"你可不知道，上一次，小燕英语考试，成绩才得五十五分，在班里倒数第十，你说丢人不丢人。这孩子，就知道玩，一点都认识不到学习的重要性，不知道努力。"

听王云说这话，我料想小燕肯定很不高兴，就悄悄地观察她的表情。

小燕愤怒地盯着妈妈，大声说："我哪里是不知道学习重要啊，我就是不愿意好好学习，我就是想考低分。"

"你这丫头片子，说什么呢，你是存心……"王云听到女儿这话，更加生气。

小燕没理会，转身快步走到自己的卧室，"砰"的一声使劲甩上了门。

王云怒气难消，但女儿走了，又无处发作，转脸看着我，尴尬地说："孩子这么小一点，就不让说了。"

"孩子不管大小，都有自尊，不要以为孩子小，就随意张扬孩子的不足之处，尤其是当着孩子，不要提起，更不能批评。"

"我也没有真要批评女儿的意思，只是想说一下，提醒她。"

"你当着外人面这样提醒孩子，即便你说得对，孩子也会有抵触情绪，不仅起不到应有的作用，相反有可能还会故意与你对着干。"

"看女儿刚才的样子，我是领教啦，下次再也不当着外人批评她了。"王云听了我的话，又想到女儿刚才的举止，这时候才意识到刚才自己讲的话伤到了女儿。

我希望她不仅能说得到，以后也能做到。

感悟点滴

孩子都希望得到肯定和赏识，都不愿意受到批评和指责。有些父母想当然地认为孩子小，无视孩子的自尊，喜欢当着别人的面，数落孩子的不足之处，还不失时机批评孩子几句。父母这样当着别人面批评孩子，他会觉得失了颜面。

性格软弱的孩子，会用哭泣表达自己的不满；性格刚强的孩子，有可能会直接进行顶撞，其结果都会导致亲子关系恶化，不利于对孩子进一步的教育。

我教育孩子，向来不喜欢在别人面前批评孩子，哪怕孩子当时表现得很不好，我也不会直接说，而在事后私下悄悄讲。

记得儿子小宇五岁的时候，我带着他去同学杨明家做客。杨明的儿子小洋，和小宇一般大，两个同龄孩子一见面，十分投缘，很快玩在了一起。

眼看到了中午，我招呼儿子回去，小宇不愿回，小洋也拉着他的手不放。

杨明的爱人看着两个孩子这样，笑着对我说："启慧，中午在这里吃吧，让两个孩子多玩一会儿。"

我也不忍心强行把儿子弄走，就留了下来。

杨明夫妻准备了一桌子饭菜招待我们，其中还有小宇最爱吃的大龙虾。

吃饭的时候，小宇因为爱吃大虾，就站起身，伸着胳膊，上半身几乎都趴在了桌子上，隔着好几盘菜去夹那盘大龙虾。

我用手悄悄地拽了一下儿子的衣服，他回头看了我一眼，又伸着胳膊去夹。

杨明看到了，笑着说："小宇，爱吃龙虾啊，来，把它放在你面前，尽情吃吧。"这下子方便吃了，小宇眼睛都高兴成了一条缝，一个接一个地吃。

我又拉了拉儿子的衣服，他低头看了一下，不解地问我："妈妈，拉我衣服干吗呀？"

"没事，妈妈不小心碰着了。"我见儿子没能理会我的意图，但又不好当着别人面批评，就只好由着他。结果那盘大龙虾，儿子一人就吃掉了大半。

回到家，我问小宇："儿子，今天那盘大龙虾，好吃吗？"

"好吃，好吃！"儿子高兴地说，还故意咂吧了两下嘴。

"龙虾好吃，你爱吃，别人也喜欢吃。你把龙虾都吃了，别人吃不着，这样做对吗？"

小宇看着我，眨巴眨巴眼，没有吭声。

"以前在家里，你喜欢吃龙虾，妈妈给你做，让你尽情吃，那是因为你小，照顾你才这样做。到了人家那儿，别说还有与你一样大的孩子，就是没有，大人也一样爱吃，你也不能只顾自己，要考虑到大家，让别人都能吃上。对不对？"

小宇听了我这番话，点头说："妈妈，我知道了。"

从那以后，我发现，儿子不仅去做客时，吃东西时会克制自己，尽量照顾到别人，就是在家里，也不像先前那样，独自享用爱吃的东西了。

感悟点滴

　　每个孩子，不管大小，是好是差，都有自尊，都爱面子，都不愿意父母当着别人的面说自己的不足之处，这是人的通性，也是正常的心理需要。

　　父母应该了解孩子这些特点，尽量满足孩子这种心理。需要批评孩子时，私下说，悄悄讲，这样既照顾到孩子的面子，亲子关系也不会受到影响，教育才能起到应有的作用。

八、愤怒时请闭嘴

小宇六岁的时候，有次爱人出差，一去就是两个星期，周一的早上才回到家。还给我们全家人都买了礼物，为小雪买了一个发卡，给小宇买回了一个遥控玩具汽车，还为我买了一条丝巾。

由于旅途劳累，爱人分完礼物后，就站起身去卧室找睡衣，准备洗完澡，吃过饭后，好好休息一下。

小宇虽然平时与爱人不是特别亲近，但是一下子两周没见爸爸的面，还是十分想念。他手拿着遥控汽车，没有玩，而是一步不离地跟着爸爸。

爱人看着儿子这样，刚开始没当回事，拿着睡衣去卫生间关上了门。

小宇就在外面站着、等着，还不时地敲门问："爸爸，洗好了没有？""爸爸，还差多大会能出来。""爸爸，我在外面等着你呢"……

爱人一边洗澡，还一边得回答儿子，再加上累，弄得他十分心烦。洗完澡出来，他看到还在门口等着的小宇，气愤地说："上一边玩去，总跟着我做什么啊，洗个澡还叫个不停，你不知道爸爸累了吗？"

此时，我已经给爱人做好了饭，端在了桌子上。爱人说完小宇，转身去桌子边吃饭，小宇又跟了上去，站在桌边。

"你还没吃饭？"爱人问小宇，他摇了摇头。

"吃过饭还站在这儿干什么，真是烦人！"爱人说完话，转脸吃饭。丢下饭碗，见小宇还在自己身边站着，就没有理他，径直走进了卧室，关上了门，怕小宇再次去打扰自己，还从里面反扣上了。

小宇手拿着汽车，神情忧郁地盯着我们的卧室看了一会儿，沮丧地坐在沙发上。我送他去上学时，因为心情不好，一句话也没有说。

下午，我去幼儿园接小宇，发现他依然是沉默寡言。

"儿子，怎么了，看你心情好像不太好啊！"我问。

"妈妈，爸爸是不是不爱我啊！"小宇神情黯然地说。

"哪能呢，要不然，能给你买遥控汽车吗？那可是你最想的玩具啦！"我极力为爱人说好话。

"那他怎么说我烦人呢？我就是好多天没见爸爸了，想和他多待一会儿。"小宇这样说着，眼泪流了出来。看得出来，他这一天的心情都因为此事受到了影响。

回家之后，我及时找到爱人，跟他说了儿子的情况。

爱人没有想到自己的话竟然伤了儿子，就主动走到小宇身边，把他拉到身边，搂在怀里说："小宇，爸爸很爱你，只是因为早上太累了，才说出那样的话，以后爸爸改正好不好！"

小宇轻轻地点了一下头，依然没有完全从不良的情绪里走出来。

爱人看在眼里，又安慰了小宇一番，还拿起遥控汽车说："小宇，来，爸爸教你玩？"说着话，把汽车放在地板上，拿起遥控器，按动了开关，汽车便根据他的指挥，在地板上来回跑着。

小宇看到了，神情逐渐由阴转晴，这才接过爸爸递过来的遥控器，开心地玩了起来。

从爱人这件事情中，我接受了教训，以后教育孩子时，都会尽量控制自己的情绪。

有一次，儿子小宇放学回家后，主动拿出作业本说："妈妈，刚才放学时，我看到有人在溜冰，我也想去溜冰。不过，我要先做作业，一会儿再出去玩。"

听到儿子说出这样的话，我拍了拍他的肩膀说："好，儿子真懂事，就按照你所说去做吧。"随后便去书房写稿子了。

不大一会儿，小宇就拿着作业本进了书房，走到我面前递过本子说："妈妈，我的作业做完了，你检查一下吧，我好出去玩。"

我放下笔，接过儿子的本子，从头到尾仔细地看了一遍，赫然发现五道数学题目，儿子竟然做错了四道，而且所犯的都是些低级性的错误，其中有两道题目，很明显是写答案时，不专心导致，根本不是因为题目难，不会做。

当时看到这种情况，我心里"腾"地一下就升起了怒火，联想到儿子刚才所说要去玩的话，断定他是因为心思没用在做作业上，才做得一塌糊涂。我当时真想把儿子的作业本一把撕了，让他重新再做一遍。

但是，转而想到那次爱人因生气刺伤儿子的事，又想到儿子还小，贪玩也在情理之中。我便控制了一下自己的情绪，强行压住心中的怒火，指着他做错的四道题目，平静地说："小宇，你再检查一下这四道题，看有什么问题。妈妈刚才仔细看了，觉得你不是不会做，可能是别的原因导致了差错。"

听我这样讲，小宇好奇地接过本子，回去认真地看了一下，很快纠正了错误，又拿着本子走了进来，红着脸说："妈妈，对不起，我刚才分心了。这次你再看一下，是不是还有错误。"

"嗯，这回都对了。"我接过本子看了看，儿子把错误全部订正了过来。而且从他的话中，应该认识到了自己的问题，所以我也没有再多说什么，就把作业本还给了儿子。

我心里想：小宇刚才做作业分心，想着出去玩，这次检查没有了错误，肯定会提着溜冰鞋，一溜烟地就没了影。

没有想到，他站在我面前，却没有动弹，足足有两分钟的时间。

"小宇，还有什么事吗？"我见儿子没有离开，不解地问。

"妈妈，对不起！"小宇低着头接着说，"以后，我学习尽量做到专心。"

"好啊，自己意识到错在了哪里就行啦，去玩吧。"我听儿子再次强调自己做事分心了，知道他早已经认识到了自己的错误，并且有意识地去改正，所以高兴地说。

小宇这才面露笑容地转身离开。

看到这个结果，我当时暗自庆幸控制了自己的不良情绪，才有了这样一个良好的结局。

感悟点滴

> 父母教育孩子的过程中，可能会因为孩子淘气、贪玩、不用心学习、喜欢打游戏等原因生气。而在生气时，特别是愤怒之际，父母往往说出的话，会很难听，很伤人。
>
> 可能，在父母看来，这并没有什么，说出的话也不是真心话，但孩子听了，却会深记在心，甚至会按照父母所说去做。

我曾在一份教育刊物上，看到一篇初中生自杀身亡的事件，十分让人痛心。

男孩化名为任峰，出生在一户农民家中。从出生开始，父母就对他寄予了厚望，并悉心教导孩子，希望孩子将来有出息，能够从农村走出去。

任峰呢，也知道用心学习，成绩一直很优秀，其他方面也不错，年年被评为三好生，亲戚、朋友见了任峰的父母，都夸赞他们有一个好儿子，以后就等着享福吧。父母每当听到这话，心里都美滋滋的，盼望着儿子快点长大，早点成才。

可是，生活就是这样，很多事情，并不会朝着人们所期望的轨道去走。就在任峰读初二的时候，有一个同学拉着他去网吧上网，并教他如何玩游戏。任峰这一去玩不要紧，一发而不可收，从此迷上了游戏，恋上了网吧，只要有时间，就会往网吧跑。

开始的时候，任峰的父母只知道孩子天天早去学校，晚回家，还以为他在学校学习呢。后来发现他的成绩大幅度下降，才到学校去打探情况，也才知道儿子迷恋上了打游戏，不仅在课下玩，甚至有时候逃课去网吧玩。

任峰的父母十分生气，当晚就把儿子批评了一顿，严词勒令他今后不能再到网吧去。任峰呢，想到父母的辛苦，自己的前途，也有了悔改之意。

可是，一旦形成网瘾，哪能会说戒除就能戒除的，控制了两天，第三天，任峰还是忍不住去了网吧。他的父亲第二次把儿子从网吧找回来时，更加痛心了，骂得也更凶，说儿子没出息，是个败家子等等。任峰正处于青春期，容易起逆反心理，听父母这么说自己，就决意照他们所说去做。

结果，他上网的行为不但没收敛，而且更为频繁。

眼看着还有一年时间就中考了，如果考不上重点一中，三年后若想考上大学，几乎就没有这个可能。任峰的父母眼见儿子上网的行为愈演愈烈，为此焦急万分，担心他失去了美好的前途，同时也更加气愤，甚至还掺杂着灰心。

第三次，任峰的父亲是在一个周六的夜里，把儿子从网吧里拖回了家。那天夜里，父母向任峰讲述了因养育他所付出的辛苦，本来希望他能长大成才，却没有想到儿子如此不争气，说到痛心气愤之处，父亲指着任峰的鼻子骂："有你这样的儿子，还不如没有，再这样下去，你还不如死了让我省心呢！"

任峰虽然喜欢玩游戏，但向来成绩优良，自尊心很强，觉得父亲把自己从网吧拖回家，已经失了颜面，又听到父亲这样骂自己，听话味还好像叫自己去死。他觉得再活着也没有什么意义，于是在当天夜里，就喝掉了家里的农药，离开了人世。

他的父母，在批评孩子后，怒气未消地去休息。第二天，他们发现儿子太阳升起了老高还没起床上学，这才到任峰的卧室去看。但此时，孩子已经浑身冰凉，死了好几个小时了。

夫妻两个抱着儿子的尸体悲痛欲绝，号啕大哭，后悔万分。但已成事实，再怎么后悔，也于事无补了。

感悟点滴

父母在生气的时候，往往说出的话，不再是为了教育孩子，而是为了发泄心中的怒火、怒气，因此说出的话，会很伤人。这样不仅没效果，还会给敏感的孩子身心造成巨大的伤害，导致亲子关系疏远还是次要的，甚至会引起不良的事件发生，到时候父母再怎么后悔，都已经太迟。

所以，父母在愤怒的时候，尽量闭上嘴巴，等情绪逐渐平复后，在良好亲子关系下，再对孩子进行理智的教育，这样才会收到应有的教育效果。